THE STUDENT
MINDSET:

A 30-ITEM TOOLKIT
FOR ANYONE LEARNING
ANYTHING

U0742745

你可以
学得更好

打破学习瓶颈的
30个策略

[英]史蒂夫·欧克斯　马丁·格里芬　著

李丰隆　译

中国纺织出版社有限公司

内 容 提 要

原文书名：The Student Mindset: A 30-Item Toolkit for Anyone Learning Anything

原作者名：Steve Oakes & Martin Griffin

© Steve Oakes and Martin Griffin 2018' together with the following acknowledgment: This translation of The Student Mindset is published by arrangement with Crown House Publishing Limited. The simplified Chinese translation rights arranged through Rightol Media （本书中文简体版权经由锐拓传媒旗下小锐取得 Email:copyright@rightol.com）

本书中文简体版经Crown House Publishing Limited授权，由中国纺织出版社有限公司独家出版发行。本书内容未经出版者书面许可，不得以任何方式或任何手段复制、转载或刊登。

著作权合同登记号：图字：01-2025-0302

图书在版编目（CIP）数据

你可以学得更好：打破学习瓶颈的30个策略／（英）史蒂夫·欧克斯，（英）马丁·格里芬著；李丰隆译. 北京：中国纺织出版社有限公司，2025. 3. -- ISBN 978-7-5229-2617-9

Ⅰ . G442

中国国家版本馆CIP数据核字第2025C5C076号

责任编辑：邢雅鑫　　责任校对：寇晨晨　　责任印制：储志伟

中国纺织出版社有限公司出版发行
地址：北京市朝阳区百子湾东里A407号楼　邮政编码：100124
销售电话：010—67004422　传真：010—87155801
http://www.c-textilep.com
中国纺织出版社天猫旗舰店
官方微博 http://weibo.com/2119887771
天津千鹤文化传播有限公司印刷　各地新华书店经销
2025年3月第1版第1次印刷
开本：880×1230　1/32　印张：6.25
字数：81千字　定价：49.80元

凡购本书，如有缺页、倒页、脱页，由本社图书营销中心调换

推荐序
当"勤能补拙"遇上行为科学

关于学习，这本书像一位冷静的解剖师，将"学习"这个宏大命题分解为可操作的基因序列。它带来一个令人震撼的启示：决定学业高度的不仅是智商的光环，更是习惯的烙印。一个残酷的真相是——习惯比天赋更难逾越；而温暖的希望是——习惯可以从此刻重塑。而这本书的价值，恰恰在于将中国古训"勤能补拙"中的"勤"字，转化为可触摸、可复制的行为密码。

作者提出的VESPA模型，像是一副神奇的眼镜——V代表愿景（Vision），E代表努力（Effort），S代表系统（Systems），P代表实践（Practice），A代表态度（Attitude）。具备了VESPA思维的人，可以将无形的思维转化为有形的行为，更可能取得成功。

在愿景（Vision）部分的内容中，它教我们形成愿景并坚持下来的方法是把目标写下来，"写下来"就是行为。或者想象面前有五条不同的选择道路，还可以给自己做模拟面试，这些都是行为。

在努力（Effort）部分的内容中，它说"一万小时定律听起来就令人生畏，而且给人的印象就是时间的堆砌"，读到这里我不得不狠狠共情。而它提供给我的是五种每天、每周、每月重复的行为，让我们可以"手拿把掐"地运用，不必受那一万小时的煎熬。在日常生活中做出小小的行为改变，就能轻松形成习惯。

再来是系统（Systems），它说"人们好像喜欢拿到任务就扑上去争分夺秒地赶"，不得不说我又共情了。它提出的改善建议是，不要一上来捡起一个就干一个，而是要重视规划的力量。要整理好学习资料，安排好学习时间。这样不仅能系统、整体地观察任务，还可以帮助我们克服拖延（我怎么又共情了？）。这里的行为就是整理和安排。

实践（Practice）这部分内容提供给我们的"宝贝"是一边学一边用，"在做中学"，让做和学循环往复地找到各自的意义。

最后是态度（Attitude），它说："要如何看待失败呢？当我们把失败看作对自己的否定，就变成了危机，但如果把失败仅仅看作对事情的一次反思，就变成了机会。"它还提到要重视我们的社交时间分配，不要交情绪"吸血鬼"类型的朋友，要交积极阳光的朋友，因为情绪"吸血鬼"类型的朋友会令我们疲惫不堪、日渐枯萎。怎么判断你的朋友是不是情绪"吸血鬼"类型呢？它给出了五个可以向自己提问的题目。

所以，和"勤"对应的原来是"行为"。

戴上这本书里提供的VESPA眼镜，在学习的准备、开始、整合、融会贯通、心流反馈和应对低谷的全过程中，遇到困难就打开百宝箱，把30种"宝贝"逐一穿戴到身上，我们就会浑身散发"勤"的力量！

这个观点我是非常同意的。作为老师，我总感觉到有些学生身上有很特别的气质。站在讲台上望过去，他们很出众，整个人不论是在课堂上还是课后交流中，都显得更专注、更积极、更有力量。这种力量感绝不是智力层面的，但这种无形的力量不仅使他们的学业更成功，也使得像我这样的老师期待与他们共事，期待与他们交流。哪怕他们此时的想法还比较幼稚，知识也不够扎实，但那种力量感会让我暗暗相信他们终将成功——不仅是学业上，而是人生终将取得成就。

我们通常将这类学生描述为"积极""上进"，可是这些词语都太抽象，不足以准确描绘他们身上那种力量感。在阅读本书的过程中，我突然悟了，这种力量感正是他们与众不同的行为——他们会坐在教室前排，眼睛总是看着我，课间会走过来和我聊天，会问我关于作业的不解，会告诉我他们需要什么帮助，等等。这就是行为！这些看得见的行为链，编织成看不见的认知能力。

这让我想到古人的一句话："积行成习，积习成性，积性成命。"积行成习：通过不断重复某种行为，逐渐形成习惯。积习成性：长期的习惯会塑造一个人的性格。积性成命：性格最终决定一个人的命运。这句话强调了行为、习惯和性格之间的密切关系。人可以改变自己的行为和性格，从而改变自己的命运。这与亚里士多德"美德源于重复的行为"不谋而合，优秀不是偶然的行为，而是长期习惯的结果。

书中对"低谷期"的诠释尤其发人深省。当多数人将学习困境视为洪水猛兽时，作者却将其重新编码为系统升级的触发机制。这让我想起著名网球运动员诺瓦克·德约科维奇，在一次访谈中，主持人对他说："在心理素质方面，你有极大的天赋。"可德约科维奇马上说："我必须要纠正你，这不是天赋，这是通过练习得来的。我可能看起来很专注，但是相信我，我的内心正在经历风暴。最大的战争永远在内心，永远会有怀疑和恐惧，我每场比赛都能感受到这些。我不喜欢体育界常说的'要有积极的心态''要保持乐观''不能失败''不要给怀疑或灰暗情绪留任何空间'。这是不可能做到的，你是一个活生生的人。我觉得顶尖运动员的优势在于他们能不在负面情绪中停留太久。对我来说，一旦感受到负面情绪，我就承认它的存在，我可能会爆发，在球场上大叫，或者有其他的反应，但之后我会让自己迅速恢复和归零，这恢复的过程相对很短。"这与书中的"态度"形成奇妙共振——真正的坚韧不是消灭负面情绪，而是建立高效的行为响应机制。

作为教师，我常在批改作业时思考：为什么同样的知识讲解，有的学生能将其转化为认知跃迁的阶梯，有的却始终困在机械重复的迷宫？这本书给出了答案——差距不在知识接收的多少，而在于行为转化的效率。当某个学生开始用九宫格重组知识点，用模拟面试检验理解深度，用"每周三步法"对抗拖延时，他已然在重构自己的学习力。

有了这本书，学生可以摘下"天赋决定论"的枷锁，手握VESPA行为密钥，将学习视作一项可拆解的工程。这或许就是教育最本真的模样——不是点亮少数天才的星火，而是为每个普通人铺设通向卓越的行为栈道。

郭力

2025年2月10日

郭力，博士，北京航空航天大学人文社会科学学院（公共管理学院）副教授。研究和教学的方向为心理发展与教育、科学教育。主持省部级科研项目、精品慕课和国际交流合作项目，成果发表于国际和国内知名平台。

前言

关于人们是如何学习的，我们研究了四十年。

我们见证了许多学生在困境中努力奋斗，始终积极，最终取得了优秀的成绩——我们多么希望自己也能这样；我们也曾陪伴那些容易沮丧、注意力不集中、缺乏动力的学生，他们身上的情况与过去我们的经历如出一辙。

我们与数千名学生探讨过他们的学习方式，了解他们在每日或每周的学习安排中有哪些不同之处，抑或是学习新事物时面临的各种问题。

我们收获了许多宝贵的发现。

例如，我们了解到过去的成功并不代表未来的成功；有些过去表现不佳的学生最终却取得了惊人的成绩，而有些过去成绩优秀的学生却没有达到自己期望的目标。

我们看到许多学生坚持使用效果并不好的学习方法，也看到众多尝试新学习方法的学生，与后者交流后发现，很多学生在改变了学习方法后，成绩有了显著提升。我们发现，除了**认知因素**外，**非认知因素**在学业成功中也扮演着重要的角色。最重要的是，我们发现成功的学生无论面对什么样的挑战，都会运用一套特殊的方法和策略，似乎能够掌控自己的学习过程——保持平衡、扎实，并且在学习的过程中依然快乐。

我们有幸借鉴了这些技巧，并将它们应用到我们自己的学习中。我们目前也是学生，通过借鉴这些技巧和策略，使自己保持平静，明确学习目标，最终取得了优异的成绩。

总而言之，我们发现**学业的成功并不取决于智力水平**。这个论点可能让你感到有些不合常理，可是一次又一次的实践证明，学生能够取得好成绩，往往归因于其学习方法——他们为自己制订的学习计划、策略和习惯。

而本书正是要分享这些实用的技巧。

目录

好学生的五种特质

那么，成功的学习者都使用了哪些方法和技巧呢？我们展开了深入的探索，并亲自实践，甚至设计了自己的方法论，并与学生们一同测试效果。

依我们看，成功的学习策略可以分为五个大的类别，每个类别都与一种优秀的特质有关。我们总是在成绩好的学生身上发现这五种特质，分别是：愿景（Vision）、努力（Effort）、系统性（Systems）、实践（Practice）和态度（Attitude），即VESPA模型。

现在，我们逐个解释它们的含义⋯⋯

愿景（Vision）

心有多大，舞台就有多大，眼界与抱负决定了我们的潜力。远大的愿景使我们更加勇于探索、更有韧性，也更加

积极乐观。

（Owen，2015）

明确学习的目的可以激发出更多的决心、毅力和积极性。当遭遇困难时，有着远大愿景的学生能时刻铭记自己为什么要经历这些挑战，这让他们更加坚定，并始终保持乐观的心态。因此，这类学生往往能够取得更好的成绩。

那么：

*你对未来有明确的计划吗？

*你把自己的目标写下来了吗？

"愿景"就是制订一个有明确定义的目标：它将你做的事与做这件事的原因联系起来。简单地说，就是明确你想要达到的目标，并对实现这些目标产生强烈的欲望。宾夕法尼亚大学的著名心理学教授安杰拉·达克沃思（Angela Duckworth）称这种特质为"坚毅"。她的同名著作《坚毅：释放激情与坚持的力量》（*Grit: The Power of Passion and Perseverance*）也提出，那些清楚知道自己想要实现什么，并且坚持不懈的人更有可能取得成功，这就是我们常说的，这个人有毅力。

如何衡量一个人的毅力呢？达克沃思及其团队设计了一份有趣的问卷，你可以做做看，这是链接：https://angeladuckworth.com/grit-scale/。

如果你发现你的问卷得分较低，不要担心，你可能还没有机会充分开发自己的潜力。你应该静下来好好回想一下，什么情况下的你是最有毅力的？你当时在做什么？你当时处于人生中的哪个阶段？最后，也是最重要的，为了学习，你打算如何保持毅力？

随着研究的深入，我们发现绝大多数人都怀有那么一份愿景——我们希望实现某个宏伟的目标。不要在意任何人劝你放弃或告诉你达不到这个目标，与这些人保持距离。明晰目标的最好方法就是将它们写下来并时常思考和反思。

本书中有七项与"愿景"相关的活动。你可以直接翻到相关页面并完成它们，分别位于本书第21页、第41页、第45页、第49页、第53页、第56页和第135页。

努力（Effort）

我的成功在一定程度上源自我的才能，但最重要的是，我总是比别人更加努力。

（Gary Vaynerchuk引自 Brock, 2016）

我们调研过上千名学生的努力程度，并将其与他们取得的成绩对比。那些取得好成绩的学生总是比其他人更加努力。然而，当我们与没怎么努力的学生交谈时，他们却总认为自己已经很努力了，这说明对努力程度的认知也是因人而异的。

思考：

*你最近一次在某件事上付出巨大努力是什么时候？你做了

什么？

*你是否曾经在某件事上付出了非常多的努力，以至于废寝忘食？

VESPA模型中的"努力"要素指的是你为了达成目标而付出的工作量，显然，实现任何有价值的事情都需要付出努力。你可能听说过K.安德斯·埃里克森（K. Anders Ericsson）提出的**"一万小时法则"**，他的研究发现：绝大多数人需要在自己的领域上投入超过一万小时的时间才能成为"专家"，这一理论在马尔科姆·格拉德威尔（Malcolm Gladwell）的著作《异类：不一样的成功启示录》（*Outliers: The Story of Success*）中被广为推广。

上网搜一搜，你会发现许多声称"用最少的努力获得最大的学习成果"的学习心得，我们非常不建议你将这些方案作为你的学习方法，例如，"100天完成博士学位"或"一个周末写完硕士论文"。人们总是喜欢寻求捷径，但几乎所有取得好成绩的学生都付出了辛勤的努力，即"书山有路勤为径"。

但是你别担心，在本书中我们并不打算讲"一万小时定律"。不同领域所需的努力程度各有不同且无法量化。目前还没有任何研究能够明确告诉我们，到底需要付出多少努力才能在某个领域获得成功，但我们清楚的是，持续且高效的努力只是一种"习惯"，而我们可以帮助你养成这种"习惯"

本书中有五项与"努力"相关的活动，你可以直接翻到相关页并完成它们，分别位于本书第91页、第143页、第156页、第

160页和第165页。

系统性（Systems）

创造力×组织力=影响力

（Belsky，2010）

系统性地收集整理学习资料并理清课程主题和主要观点之间的联系，可以帮助你更快地理解学习资料，而合理地安排时间意味着你可以在更短的时间内完成更多的学习任务。我们发现系统性强的学生最终能够取得更好成绩的关键因素有两点：学习资料的准备与合理的时间安排。

思考：

*你的学习区域是什么样子的？是整洁有序还是杂乱无章？你的资料和文件是如何整理的？

*你是否遵守先前设定的截止日期？你是否条理清晰、有条不紊，还是总处于紧急完成任务的状态？

系统性主要涉及两个方面：一是整理好你的学习资料，二是安排好你的学习时间。很多学生都忽视了做好学习规划的重要性。**一些有趣的研究表明，学生在某些学习挑战上的困境，更多的是因为组织能力的不足，而不是智力的不足。**

绝大多数学生都不可避免地与拖延症打交道，他们需要不断强化自己的时间管理与信息条理化的能力。

我们发现，如果学生能够完善自己的系统性，就会获得相当喜人的成绩。多年来，针对于此，我们总结了一些非常好的方法。

本书中有五项与"系统性"相关的活动，如果你想一次性完成，它们分别位于本书第67页、第69页、第74页、第78页和第82页。

实践（Practice）

在我们真正学习掌握某种能力之前，都是通过实践来学习的。

（Arisotle，2009）

学习不仅仅是记忆信息，它是记住信息并将其应用于实现特定目标的过程——构建论证、解决问题、分析数据、创造新事物。注重实践的学生之所以能取得好成绩，是因为他们花时间去实践，以富有创意和灵活性的方式实践新知识；而不注重实践的学生一旦记住了刚学的知识就停下来了（或者在记住之前就停下来了）。

思考：

*你上一次自测是什么时候？

*如果有人请教你如何复习，你会给出什么建议？

我们认为"实践"与"努力"是有所区别的——实践代表学习者如何学习，关乎的是学习的方式。当你需要快速学习某种知识时，实践至关重要。提到"实践"这个词很难不提及K.安德斯·埃里克森，我们前面提到过他。他的整个职业生涯都在研究各个领域顶级的专家，他研究出的结论是，顶级专家不仅仅是一味地实践，他们有自己的实践方法论。

本书中有四项与"实践"相关的活动，如果你想一次性完成，它们分别位于本书第94页、第97页、第107页和第113页。

态度（Attitude）

追求成功的学生并不会因为挫折、失败、表现失常或学术逆境而气馁，他们会从中吸取教训并继续前进。他们不会一直沉湎于错误中，而是从中学习。他们不会得出自己愚笨或无能的结论，而是将错误和挫折视为对自己的努力、态度或学习方式的反思，而这些都是可以在下次改进的。他们不会认为过去失败就意味着未来也会失败。

（Martin，2010）

每个人在学习过程中都会遇到困难，在我们接触过的一些学生中，这些困难会成为他们不够优秀的证据。他们中的许多人因此不愿意继续付出，回避挑战，最终放弃了。而我们采访和观察过的态度积极的学生知道，困难是难以避免的。在低谷期，他们在困境中依然坚持不懈，因而取得了更好的成果。

思考：

*当事情出错时，你会如何应对？

*你是如何从错误中吸取教训的？

我们都知道端正态度有多么重要：无论在什么领域，它都是决定成败的分水岭。我们认为，要取得成功，学生需要具备四种态度。首先，你需要对自己的能力有信心——自信是学业成功的关键。其次，你需要能够在高压情境下控制情绪。再次，当阶段性的反馈显示你还有很多需要提高的地方时，你需要摆正心态积极应对。最后，你需要具备动态成长的思维模式，这意味着你必须相信自己可以不断进步。

我们与数百名学业成功的学生交流过，他们似乎天生具有这种积极的态度。可实际上，他们只是下意识地培养出了一系列的小技巧和习惯来帮助自己度过低谷期，我们将与你分享其中的一些技巧。

态度至关重要，所以本书中有九项与"态度"相关的活动，如果你想一次性完成，它们分别位于本书第27页、第32页、第59页、第100页、第117页、第124页、第148页、第154页和第168页。

思维模式的真正内涵是什么

思维模式是一套影响你看待世界方式的信仰、原则和价值观。采用特定的思维模式就像戴上一副眼镜——一对可以调整视野的镜片，使某些事物更加清晰，同时模糊了其他东西。

我们认为，刚刚分享的这五大特质对学习的重要性远超智力。它们共同构建了一种思维模式，将你置于可能成功的最佳位置，这就是学生思维模式。

VESPA模型

你觉得自己目前具备VESPA的这些特质吗？你应该首先思考你在VESPA的哪些特质上可能很强，以及哪些特质可能需要加强。

这里有一个简单的练习，帮助你思考并了解VESPA。通过它，你可以认识到自己需要加强的方向。首先，考虑下述关于程度的描述，并把线条看作一条1~10的刻度线。

V 愿景

1 —————————————————————→ 10

我不喜欢设定目标　　　　　　　　　　我总是为自己设定目标

我通常不会坚持我为自己设　　　　　　我从不半途而废
定的目标

E 努力

1 —————————————————————→ 10

我不喜欢努力学习　　　　　　　　　　我学习极为努力

我很容易分心　　　　　　　　　　　　我学习时非常专注

S 系统性

1 —————————————————————→ 10

我的文件、纸张和笔记都很乱　　　　　我所有资料都很有条理

我不会系统性记录我的任务　　　　　　我用日记/计划书/应用程序
　　　　　　　　　　　　　　　　　　来记录所有的任务

P 实践

1 —————————————————————→ 10

我很少复习　　　　　　　　　　　　　我使用各种方法复习

我总是把精力放在整理和记　　　　　　我会给自己出难题，并通过
忆知识点上　　　　　　　　　　　　　尝试解决它们以巩固学习

A 态度

1 —————————————————————→ 10

我在事情不顺利时容易心烦　　　　　　我在关键时刻，如考试中总
意乱　　　　　　　　　　　　　　　　能保持冷静

我对自己的能力缺乏信心　　　　　　　我对自己充满信心

现在你已经读了这些描述，请尝试为自己在每个要素的1~10
大致评定一个数值，然后在数值所处的位置做好标记。

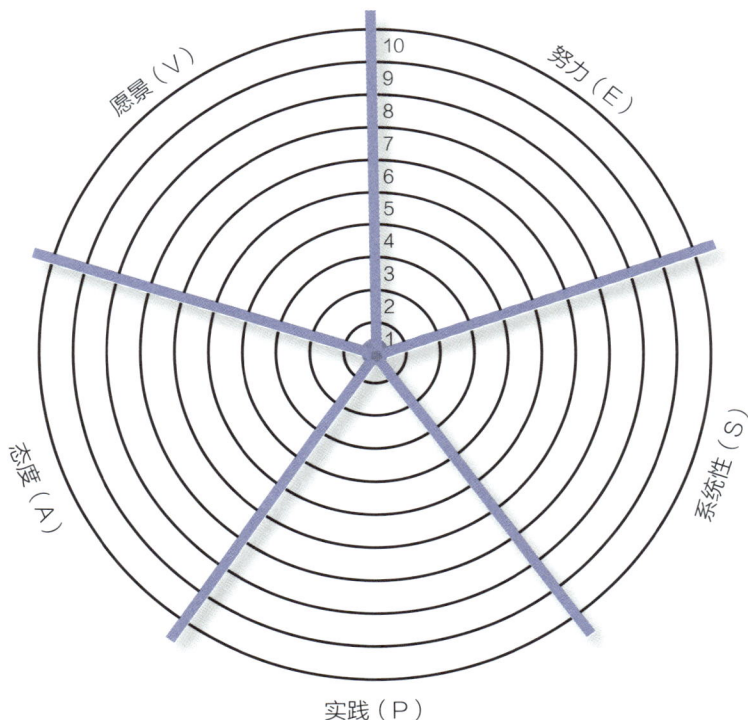

实践（P）

现在你已经对自己的情况有了直观的了解，当你阅读本书
时，你可能想特别关注某些具体的练习。当你遇到你感觉较弱的
领域时，请全力以赴地投入其中。

在练习的过程中不妨尝试各种方法，有些练习可能让你觉得
不太舒适，但无论如何都请花些时间尝试。有些练习可能需要多
尝试几次才能真正掌握。当然，有些练习可能根本不适合你，那
也没关系，选择适合你的练习，如果需要的话可以进行调整，这
样你就可以创建一套属于自己的学习方法论。

本书的使用方法

　　许多研究都对学习过程进行了深入探究，这些研究成果对我们评估自己在学习中的成功之处和可能存在的问题都非常有帮助。很多研究结果发现，学习是分阶段进行的。许多学者认为我们在学习某个领域的专业知识时，都会经历不同的阶段。菲茨（Fitts）和波斯纳（Posner，1967）曾研究职业运动员的运动技巧，他们发现运动员们在掌握技巧时是分阶段、按顺序进行并逐步进阶的。

　　库珀（Cooper）、沙利文（Sullivan）和舒尔曼（Shulman，1978）在密歇根州立大学进行了学术方面的研究，同样发现学习者在学习过程中经历了不同的阶段。哈林（Haring）、洛维特（Lovitt）、伊顿（Eaton）和汉森（Hansen，1978）也发现了类似的情况。

　　我们整合了这些研究结果，总结出了六个学习顺序，描述了你在探索新的学科、课程或领域时可能经历的各个阶段。在每个阶段，你将面临挑战并发现新的学习方式。在不同的阶段，你会有不同的疑问、困惑或担忧。

我们根据这六个阶段的顺序编排了这本书的内容，这样你就能识别自己处于哪个阶段，并选择一些合适的方法和工具来帮助自己度过这个阶段。

1 准备阶段——为学习做好准备（第1章）

在准备投身长期的学习之前，准备阶段往往被忽视，可实际上它是非常重要的。

问问自己：我目前的心态如何？我心情好吗？我应该有什么期望？我在成功的道路上可能会遇到什么阻碍？我应该如何学习？

2 开始阶段——开启学习之旅（第2章）

这个阶段至少会重复三次，因为每次停滞后，你都需要重新为自己加油打气，再次集中精力。

问问自己：我想要达成什么目标？为什么？对我来说，成功是什么样的？之前有人做过这个吗？我能从他们的经验中学到什么？

3 整合知识——收集和整理知识的过程（第3章）

从第一天开始，你就会不断地收集和整理知识。直到课程的最后几个月，此时你将停止吸收新的知识，并开始运用自己已经掌握的知识。

问问自己：哪些知识点是最重要的？我如何安排和整理所有的信息？它们之间有什么联系？核心思想和重要概念是什么？我如何重新整合这些知识，使其为我所用？

4 融会贯通——运用所学知识实现目标（第4章）

这个阶段相对较晚开始——你需要有一定的知识储备才能有效地实践——但这个阶段将一直持续到最后一刻。

问问自己：如何将学到的知识形成深入且实用的理解和掌握？如何在压力下展示自己对这些知识的掌握程度，并加以应用？如何做好准备并实践？

5 心流与反馈——通过有针对性的练习持续进步（第5章）

这是你通过密集练习以提高技能水平的阶段。这个阶段通常在课程的后期出现，而有些学习者可能更快地达到这个阶段。

问问自己：我是否还能达到更高的水平？我如何达到这个水平？我能否客观地明确自己哪些方面做得很好，哪些还需改进？为什么其他人似乎都能进入这个状态而我不能？是否存在更好、更快的方法来实现这一目标？

6 应对低谷期——克服挫折和解决学习难题（第6章）

低谷期是遇到困境和学习动力减弱的时候。对不同的人来说，它发生的时间可能不同，而我们始终能意识到它的存在。

问问自己：似乎一切都出了问题，我该如何走出困境？是只有我一个人遇到这个问题吗？有没有一些方法或策略能帮我度过低谷期？

这些阶段不是依次发生的，它们可能同时存在——就像这样：

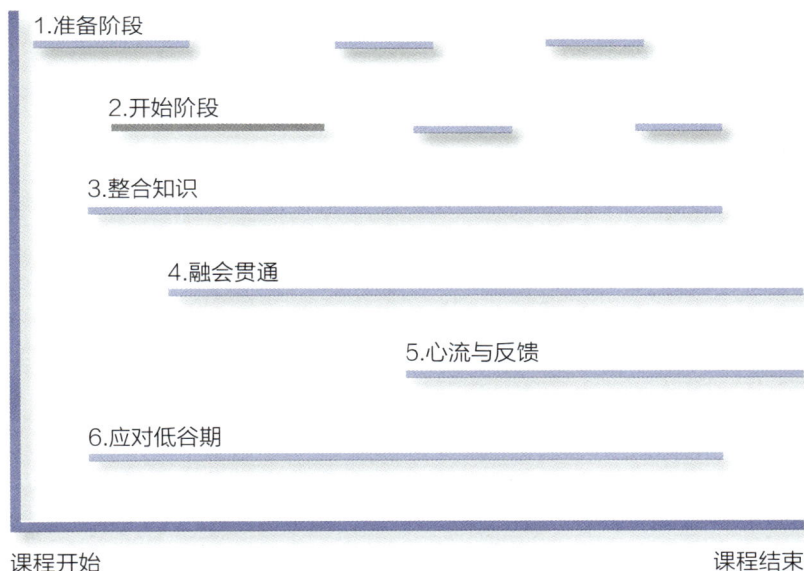

1.准备阶段

2.开始阶段

3.整合知识

4.融会贯通

5.心流与反馈

6.应对低谷期

课程开始　　　　　　　　　　　　　　　　　　　课程结束

学习的六个阶段

因此，在很多时候，你将同时经历这六个阶段。

第 1 章

准备阶段

问问自己：
我目前的心态如何？
我心情好吗？
我应该有什么期望？
我在成功的道路上可能会遇到什么阻碍？
我应该如何学习？

在这个阶段，VESPA模型的关键要素：
愿景和态度。

蒂娜·齐莉格（Tina Seelig）博士是《斯坦福大学最受欢迎的创意课》（*Genius: A Crash Course on Creativity*）一书的作者，她在哈佛大学教授有关创造力的课程。她的课程非常受欢迎，每年都不得不拒绝一些申请者。

有一年，齐莉格博士收到了一名未能进入该课程的学生写的信。她在书里讲述了这封信："他说自己从来没上过自己想要的课程。我仔细考虑该如何回复他，然后给他发了信息：'如果有一门你真的很想上的课，而你没能获得名额，那就直接去上这门课。通常在第一周，总会有名额空出来……只要你在现场，几乎就能保证获得名额。'

"学生回信说：'谢谢您的建议，我猜这对您的课程不适用吧。'我盯着他的电子邮件看了几分钟，然后回答说：'是的，你说得对，不适用我的课程。'我已经递给他灰姑娘的水晶鞋了，可他没有接受。"

齐莉格将这一情况与另一位申请未果的学生做了对比，后者写信明确询问是否可以给个机会参加一节课。后来，当一位学生退出课程时，这位申请者获得了这个名额。

齐莉格总结说："他们之间的区别在于**态度**。第一个同学……甚至都没有看到我摆在他面前的可能性。而第二个学生设法获得了自己想要的。"（Seelig，2012）

积极的态度为那位能够把握机会的学生创造了一个入口，因为她充分利用了她面前的机会，她的人生方向发生了改变。

完善准备阶段有助于你发现机会。请参考这个例子：

态度	面对挑战的反应	决定和行为	结果
我觉得我不能掌控自己的命运	其他人似乎得到了我没有的机会和机遇。我对尝试新奇事物的机会已经产生了"选择性忽视"。我甚至没有看到那次比赛的广告海报，现在已经是报名的截止日期了	我刚得知了消息，但我知道已经太迟了，我没打算参加。我的一个同学参加并且赢得了一等奖，奖励是1000英镑	我失去了这个机会，并且进一步加深了我认为好事只会发生在其他人身上的信念

或者这个例子：

态度	面对挑战的反应	决定和行为	结果
我很容易把他人对我学业的批评看作对我个人的批评	我得了一个低分，作业上还有老师提出的一长串需要改进的地方，我感到愤怒和不满	我要告诉自己我不在乎。我的导师是错的，这门课的成绩设置得太不公平了。我不打算为了改进我的学习方式付出更多的努力，因为那让我感觉非常难堪	最终，我得到的成绩比其他人低，因而不能选择某个课程模块、进入某个小组或获得某份工作

这些例子展示了学习准备是漫长学习之旅中的关键一环。通过了解自己——你是谁以及你想要实现什么——你可以预见且避免前路上的许多障碍。

在迈出第一步之前，有三个关键的练习需要尝试。请不要跳过这部分内容，在这里多花费半小时会为你带来意想不到的变化。

1 愿景练习：
制订学习宣言

宣言代表着一种意图表达的声明，类似于下定一个决心。自己制订一个个人宣言并将其写下来，想象这是为自己构建一个新的思维模式。它就像是你的电脑系统，桌面上的应用程序可能会改变，但在系统底层，你的宣言和思维模式使你的操作系统每天都能无故障地运行。

在制订你的宣言之前，请考虑以下三点：

"初学者心态"是一个专有名词，是所有人都可以拥有的一种学习态度——它包含求知欲、渴望、不批判。正如铃木俊隆所说："在初学者的心中，事物具有很多可能性，但在专家的心中，可能性很少。"（Suzuki，2005）

博物学家瑞秋·卡森用这样的方式表达："孩子的世界是新鲜的、美丽的，充满了惊奇和兴奋。不幸的是……这种真正的本能……在我们成年之前就被淡化，甚至丧失了。"（Carson，

1965）

或者，如果你想参考一些关于初学者心态的研究成果，可以参考维克多·奥塔蒂教授的论文，发表在《实验社会心理学期刊》（*Journal of Experimental Social Psychology*）上。他认为，一个人越感觉自己是专家，就越有可能思维僵化。按照教授的说法，"那些让人产生高度专家自我认知的情境会引发更为封闭的认知风格"。（Ottati etal.，2015）

好消息是，即使已经进入高级的学科领域学习，如大学学位课程，我们还可以重新拥有初学者心态。

初学者心态的五大固有品质包括：

1 **抛弃对失败的恐惧**。相反，要期待它的到来。

2 **对"我不知道"感到舒适**。你的思维应该准备接受新的想法，而不是老一套的。对"我不懂"持开放态度，将其转变为"我还不懂"。尝试长时间地保持头脑中有对立、非逻辑的想法。可以默认在学习过程中，有些事情可能一周、一个月甚至更长时间都弄不明白。摒弃"常识"偏见和"我认为是正确的"观念。大多数人早期接受的教育都是策略性地将事实简化以便于理解。

3 **寻求多元思维**。世界上有许多可能性，答案并非只有一种。他人可能有更具说服力的观点，但你不必完全赞同。

4 **保持好奇心和探索精神**。将"我害怕这个！"转变成"我想知道这会是什么样的？"关注问题而非答案。

5 心理学家亚伯拉罕·马斯洛说，我们应该尝试"摆脱时尚、潮流、教条、习惯或者其他关于什么是正确、正常的观念"。相反，我们应该"**准备好接受现实中的任何事物，不感到惊讶、震惊、愤怒或否认**"。（Maslow，2000）。

学习宣言应该描述你最好的一面——最佳的学习状态、你对学习的态度以及它们的运作方式，这才是理想的"操作系统"。

有很多例子供你参考，下面几个可以帮助你了解你正在寻找的内容。

* Farnam Street是一个致力于帮助用户"了解世界真相、做出更好决策，过上更好生活"的组织。他们有五个原则："方向胜过速度""精心生活""持保留态度""原则重于策略""对自己的行为负责"。

* Indie Travel团队的宣言是通过论坛讨论并根据投票结果来创建的。他们相信"当我们亲身去体验世界时，我们会更好地了解自己和他人"。在撰写本文时，他们讨论的有"轻装简行""用细腻的现实代替广泛的期望""选择权胜于拥有"以及"探索胜过逃避"。

*《战争与和平》（*War and Peace*）的作者列夫·托尔斯泰在18岁时就写下了自己的宣言，我们最喜欢的部分是："早起（五点钟）""少吃，避免甜食""尽量独立完成所有事情""为一生设定一个目标，为一生的每个阶段设定一个目标，为短期设定一个目标，为一年设定一个目标，为每个月设定一个目标，为每周设定一个目标，为每天设定一个目标""做好事，但尽量不让别人知道"以及"尽可能生活得更加节俭"。

如果这些还不足以激发你的灵感，那么还有很多你可能想考虑的其他方面：

* 努力且高效："不管做什么，我都会全力以赴，永不放弃，不浪费时间，做事果断。"
* 坚韧："我专心致志，压力之下我依然坚韧，人们总是可以信赖我。"
* 资源丰富："我将每天寻求帮助和建议，充分利用周围的所有资源。"
* 能动性："解决问题和寻求解决方案是我的责任，当事情变得困难时，我不会推卸责任。"
* 初学者心态："我时刻保持积极、开放、好奇的态度，欢迎错误和反馈。"

制订你的学习宣言：

当你准备好新的学习"操作系统"后，你需要找到一种方法来表达它、记住它并不断地告诉自己。"口头禅"常用来描述具有心理驱动力的言辞或短语，你需要创造一个简短版本的宣言。

用一句话或短语来总结你的宣言：

....

....

....

....

....

....

找一个适合的时段反复念诵你的口头禅——无论是在淋浴时、乘公交时、回家路上，还是在去下一节课的路上。

2 态度练习：
识别五大心理障碍

　　尽管初衷良好，我们在开始学习后依然会被怀疑或焦虑所困扰。解决这些焦虑的最佳方式是尝试将它们分类，这样在它们出现时，我们就能够轻松地识别。

　　在这个练习中，我们将这些怀疑和焦虑称为"心理障碍"，也可以将它比喻为系统中的"漏洞"。当我们感到不知所措时，练习有助于我们重新思考问题的本质。

　　看看一些常见的障碍：

1 归属感障碍

　　这种心理障碍强调"正常"有多重要。它告诉你，你的价值源自你顺从和融入的能力。如果你很"正常"，你就会被欢迎和接纳。接下来，这种心理障碍会不断"好心地"提示你所有"不正常"的地方：每个人的成绩都比你高；他们在使用你不理解的词语；你好像根本就不属于这里。这种心理障碍容易引起心理学家常说的"冒名顶替综合征"——即你觉得你是依靠伪装才得到某份工作或完成某门课程的感觉。

2　舒适和轻松的双重障碍

这两种心理障碍首先放大了舒适的美好，然后又让你注意到潜在的不适。它们会让你看到窗外的雨，或提醒你如果火车晚点天气有多冷，或告诉你床有多舒服。

它们的目的是让你变得不愿意继续付诸行动。

3　无助感障碍

这种心理障碍让你相信你生活的掌控权不在你手里。它告诉你，你不是自己命运的主宰，而是由他人来确保你步入正轨。当你陷入困境时，这种心理障碍列出了一长串可以责备的人：图书馆恰巧没有那本你亟需的关键教材，或者老师更改了讲座时间却没通知你，或者有人偷了你需要借阅的书单。

4　完美主义障碍

这种心理障碍会先让你关注到完美的重要性，如作业成绩需要尽可能接近100分。它经常提到你的过去。它告诉你，你在此之前从未犯过任何重大错误，所以你应该继续保持完美。你不想冒险破坏那个记录，对吗？

5 **声誉障碍**

这种心理障碍通过宣扬声誉至上的观念来发挥作用。声誉是由他人授予的，所以同龄人的看法非常重要。当你处于必须在维护自己的声誉和取得成功之间做选择的情境时，这种心理障碍就会出现。它会尽力确保你选择声誉而不是成功，这样你可以保持他人对你的尊重，但你的学业却可能会失败。

你之前遇到过哪些心理障碍？当时发生了什么？最后谁获胜了？

哪些心理障碍可能会再次出现？请将这五种心理障碍按照最有可能到最不可能成为障碍的顺序排列。

....

....

....

....

....

....

....

....

....

....

....

....

这五种"心理障碍"是否涵盖了所有可能遇到的问题，还是你遇到过我们未提及的障碍？请将它们记录在第31页的表格中。既然你已经考虑过可能出现的"漏洞"，所以你可能需要重新修订你的"操作系统"——学习宣言，以使其更能抵御未来的困扰。

回到第一项练习，重新审视你迄今为止要表达的内容。

心理障碍	它让我误以为……	因此，我可能会……

态度练习：
应对恐惧的 ABC 模型

　　所有人在生活中都会感到恐惧。对一个目标的恐惧通常会阻止我们采取任何行动。

　　美国心理学家阿尔伯特·埃利斯（1957年）对处理恐惧有一个非常有趣的方法。他认为恐惧是对触发事件（A，Activating event）的反应——发生了一些让我们感到害怕的事情。这可能是一次小测验或考试，也可能是一次高水平的研讨会，还可能是关于研究生学习申请的宣讲会。不管是什么，都会引发焦虑。

　　然后，埃利斯认为，焦虑会引发一种信念（B，Belief），这可能是多年来学到的一个错误信念，可它可能根深蒂固且持久存在。A和B相碰撞产生C，即后果反应（C，Consequence）。我们下意识地选择某种特定的行为并付诸实践，这就是埃利斯的关于非理性信念的ABC模型。

举一个例子：

A　**触发事件**：你参加了一个讲座，讲座介绍了学习阶段你会遇到的挑战，以及为了成功你需要付出多大的努力。

B　**信念**：多年来，你形成了一个错误的信念，认为自己不能自我激励，不能努力学习。

C　**后果反应**：你立刻感到在这个水平上学习对你而言是不可能的。你决定不再面对困难，你不想取得成功，反正你也不喜欢你的课程。最终，你不怎么在学业上投入努力。

我们如何才能打破这个恶性循环？埃利斯提出了另外两个字母——D和E来帮助我们。D代表质疑（D，Doubt）。我们能做些什么来质疑自己的信念呢？有没有任何证据可以证明我们的信念是错误的？他建议我们为信念找到一种替代激励（E，Energising alternative）——一种更积极的信念。

花点时间思考一下，回答下面的问题。

A　你是否曾经因某些触发事件而感到焦虑？把它们列举出来，看看它们有共同点吗？是因为它们触发了你长期持有的关于自己的错误信念，所以让你感到焦虑吗？

B 多年来，你对自己形成了哪些错误的信念？为什么这些信念开始变得真实？

C 列出你在过去因为错误的信念而采取过的行动。这些行动是否让错误的信念看起来更真实？

D　想象一下，如果你必须完全消除自己的错误信念，你会怎么推翻它们？你能使用什么证据？

E　你可以找到哪些应对自己错误信念的替代激励方案？

你现在可能想要返回你的学习宣言（练习1），并根据你做的思考重新制订它。

第 2 章

开始阶段

问问自己:
这一切都是为了什么?
我想要达成什么目标?
为什么?
对我来说,成功是什么样的?
之前有人做过这个吗?

在这个阶段,VESPA模型的关键要素:
愿景和态度。

任何学习都需要时间，有些课程可以在几周内完成；相比之下，攻读博士学位可能需要5~10年的时间。在开始之前，思考一下你为什么要开始这段旅程。我们与成百上千的学生探讨过，他们实际上并没有认真考虑过自己的学习动机，很多时候他们发现自己选择了错误的课程，或者在遇到困难时就放弃了。**那些真正对自己想要做的事情充满热情的人通常是最终能取得成功的人。**

为了更深入地探讨，我们想象有两名大学生开始相同的课程。第一个大学生对自己的动机并不明确，只知道自己的状况："我在大学学习医学，我想成为一名医生。"

第二个大学生有明确的动机，他明确了一系列的问题并尝试回答："英国的公共医疗服务是一流的吗？如果不是，为什么？我如何改善各阶层患者的医疗状况？"

第一个大学生的目标中存在着弱点，就像地壳中的断层线一样，某一年的不良成绩可能会摧毁整个学业生涯。学生往往对此深有体会，他们焦虑、紧张、压力重重，一切成败都取决于考试成绩。他们对所学专业的热情已经消退了。那种可能曾有过的积极研究、阅读和思考，都为了获得学习成绩而被牺牲了。

与此同时，第二个大学生知道前方会有无法控制的因素：无法预测考试的问题，无法预料到面试的陷阱，可这并不重要；他们知道自己的目的以及世界上吸引自己的问题，这就是前进的方向，如果路途中遇到阻碍，他们会想办法克服，或者调整方向绕过它们。

那么，你的目标或驱动力是什么？

我们询问了一些学生，让他们不只是考虑自己要学什么（一门课程或一项工作），而是思考自己为什么要学——他们看到的世界上正发生的问题并希望去解决。看看其他人的目标或驱动力，可能会帮助你确定自己的：

*我们如何使英国的财富分配更加公平？

*我们如何拯救更多濒临灭绝的物种？

*我们如何设计建筑以增强人们的幸福感？

*一部备受好评的电影所需要的元素是什么？

*我们如何改善学生在学校的体验？

*我们如何改善_____？

*我们如何加快人类受伤的愈合速度？

*我们如何利用艺术来改善人们的生活？

*我如何创造受欢迎、沉浸式和互动式的电脑游戏？

*我们如何通过与少年犯合作来减少犯罪？

*是什么因素使一些事物优于其他？

*我们如何帮助人们应对困难、压力或创伤？

*出色的家庭教育是什么样的？

*我们如何更深入地了解宇宙的运作？

*我们如何解决全球变暖问题？

*AR/VR对媒体/娱乐/游戏意味着什么？

*我们如何运用人工智能更高效地工作？

一旦你认为这里有一些问题很有趣，想进一步探索，就需要勾勒出下一步的计划。有没有纪录片可以看？有没有一本书可以阅读？有没有可以与之交谈或寻求建议的人？有没有一项研究可以帮助你获取更多信息？

在本章中，我们将试图测试你的学习驱动力。接下来的练习将使你深思，为什么你要花费时间、精力，甚至金钱去选择你学习的课程。我们将考察你的动力源泉，确保你走在正确的道路上。这里的"道路"一词并非偶然——后面有几项练习使用了旅程、道路或路线的比喻来帮助你决定前进的方向。

这些练习并不总是有趣的，它们可能让你感到不舒服，但请坚持下去。到本章结束时，你会知道自己是否真的有那份对学习的渴望。

4 愿景练习：
绘制菱形动机图

你做每件事的背后原因是什么？这可能看起来像一个哲学问题，有时候，我们更容易说出自己想要做的事情和它背后的动机，而不是说出具体付出什么努力能够实现这些目标。史蒂文·瑞斯是俄亥俄州立大学的心理学教授，他通过对超过6000人的研究，试图定义这些人的行为基本动机，从而得出的研究结论是，有16种不同的动机指导着人类的所有行为。我们稍微调整了他的清单，使其更易于理解和使用，我们的清单上最终有15种动机。

仔细研究下面的清单，并决定哪些对你来说最重要。一旦你从这15种动机中挑选出9种，你需要使用第43页上的菱形图案给它们排序。在菱形的顶端，领导其他动机的应该是在你心中最重要的动机，其次是两个并列第二的重要动机，再次才是其他动机。

以下是可能的15种动机（根据史蒂文·瑞斯的原始清单做了调整）：

1 **接受**：得到他人的认可、支持和好感的需求。

2 **竞争**：与他人竞争且取得胜利的需求。

3 **好奇**：学习、探索、研究、发现和尝试新事物的需求。

4 **创造性**：设计、写作、绘画和建造的需求——创造艺术或娱乐内容。

5 **家庭**：养育或帮助孩子，关心他人，或在小却具有凝聚力的团队中支持周围的人的需求。

6 **荣誉**：忠于一个团体或社会的核心价值观——遵守规则，做应该做的事，并引导他人遵循这些价值观的需求。

7 **理想主义**：对公平、平等和社会公正的需求。

8 **独立**：对个性化的需求——有能力按照自己的方式进行组织和管理。

9 **秩序**：对有序、稳定、可预测的环境的需求；创建规则和模式。

10　**体力活动**：对运动、锻炼和体育挑战的需求。

11　**权力**：对影响力的需求，决定他人方向的能力及对团队表现所负的责任。

12　**储蓄**：收集、拥有物品，并对其进行分类或整理的需求。

13　**社交**：对朋友的需求，以及建立广泛的同伴关系。

14　**社会地位**：对显得社会地位高或成为重要人物的需求。

15　**宁静**：对平静、放松和安全感的需求。

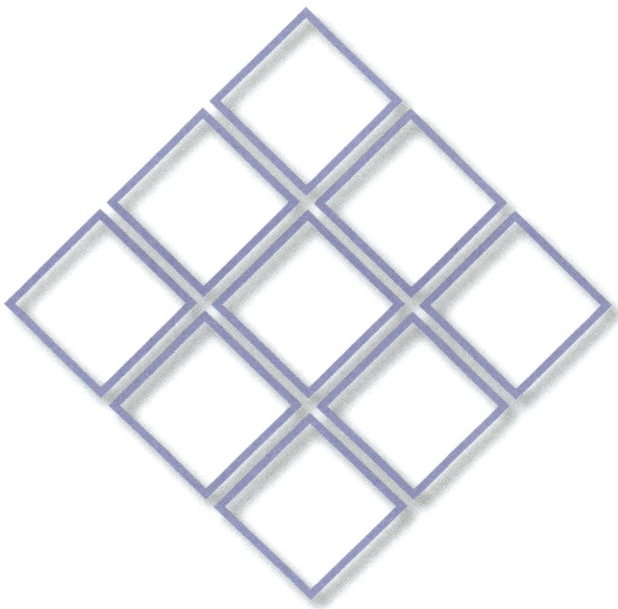

在列出你的主要动机后，思考如何将这些与你即将开始的学习之旅相联系。你的前三大动机是什么？它们之间是否有任何关联？如果有，是怎么关联的？

....

....

....

....

....

如果它们与你的学习没有关联，这是否让你对即将开始的学习之旅产生了不同的看法？

....

....

....

....

....

这是另一个帮助你检查学习动机的练习。你只需要想象自己站在一个十字路口上，有五条可以前进的道路：每条道路代表着自己的一个选择，这个活动的目的是让这些可能的选择更清晰。这将使你能够客观地审视自己的选择，这是做出决策的第一步。不需要立即做出决定，但了解哪些选项可用总是有助于决策的。

使用下面的图来思考每条道路的终点可能是什么。你可能需要花些时间思考，可以先在每条道路的顶端写下2~3个选项，然后随着你的偏好变得更加明确，再添加或删掉一些选项。

完成后，可以在46~48页提供的空间中详细记录自己的想法。

1 **理智之路。**在这里，记录下你理智思考时想到的选择，这是条谨慎且深思熟虑的道路。这条路风险较低——它很安全、确定——所以它可能不是最令你感到兴奋的前进道路。

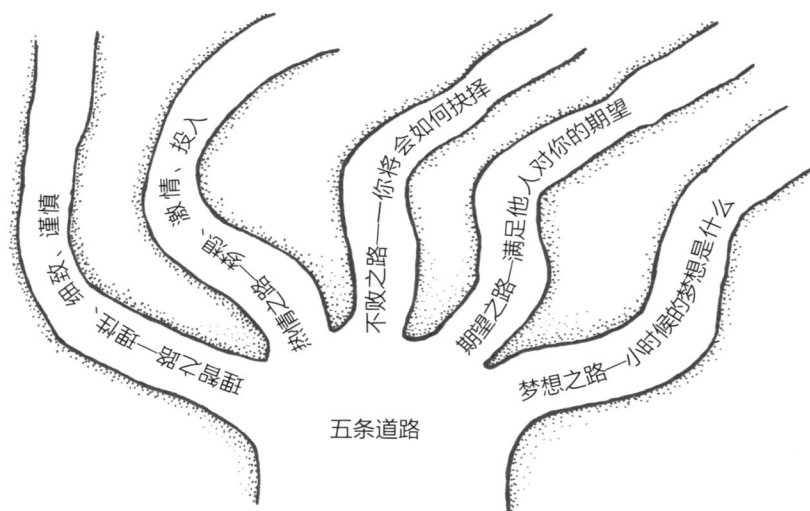

五条道路

2 **热情之路。**这条道路是全心全意追求激情，学习让你兴奋的东西，你愿意免费为之付出时间。这可能是一条风险较大、不确定性较大的路，但你在前进的过程中会既充满激情又稍感忐忑。

3 **不败之路。** 在这条路的尽头是确保某件事成功。这将是一条艰难的路，可能会有困难的时期，但最终会百分之百成功。换句话说，如果你知道自己在某件事上不能失败，你会怎么办？

....

....

....

....

4 **期望之路。** 回想一下别人对你的期望，你身边可能有很多持有强烈观点的人——导师、父母和亲戚——他们在时刻告诉你，你必须学习某一门课程，或者你在某个领域很有天赋。你有时赞同他们，有时也不赞同。记录下你感觉到压力迫使自己去做的所有事情。

....

....

....

....

5 **梦想之路。** 如果你在小学时做了这个练习，你会说未来想做什么？通常情况下，我们会发现自己早期的热情仍然存在；你可能会在这里写下一些东西，突然想起了自己忘记或被迫忽视的热情。也许现在是时候重新审视它，或者现在其中的某些部分仍然有意义。

....

....

....

....

你在每条路的尽头草草写下了一些想法后，让这些想法发酵几天。

最后，不要觉得你需要立即做出决定，仅仅知道可能的前进道路就让你站在了有利的位置。当你选择了一条道路，并不意味着你不能回头尝试其他的。

你完全可以！

这个活动对你的想法产生了什么影响或改变了什么？

....

....

....

....

愿景练习：面试准备

有些课程需要进行某种形式的面试，你可能已经经历过这个过程；如果你还没有参加面试，参与这项活动可以帮助你确认自己是否真的对学习有兴趣。每当我们面试学生时，那些真正热衷于学习的学生总是脱颖而出，他们通常已经思考过类似的问题，而且发现回答这些问题非常容易。

在这个练习中，假设你在学习开始后的第一个月末接受面试。预留一些时间，找一个安静的地方写下你的答案。你甚至可以请一个朋友来面试你，并让他们评估你的答案。

1 你对哪部分的学习内容最有兴趣？

你当时学的是什么？小贴士：尝试将你之前的学习内容与现在的课程联系起来——是否发现了什么相似之处？

....

....

2 如果错过了现在的课程，你会有什么感受？

....

....

3 你完成这门课程学习的动机是什么？

....

....

4 这门课程的哪个方面最令你兴奋？

....

....

5 这门课程如何评估你的表现？这是你喜欢的评估方式吗？

....

....

6 如果你负责这门课程的评估，课程形式会是什么样的？

....

....

7 你认识已经上过这门课程的人吗？他们觉得这门课程怎么样？

8 如果你负责设计一门课程，学习计划会是什么样的？

9 你最近读过的关于这个领域的书是什么？

10 你为什么想学这门课程？

　　现在你已经完成了本章的前三个练习，你应该对你的动机有更清晰的认识了。你是否看到重复出现的学习动机？回顾一下你的答案，寻找其中的规律。一个好的方法是在下面的表格中记录信息。使用"兴趣和热情"栏记录你的积极回答——与你的课程相关的积极事物，并使用"不喜欢"栏记录任何消极回答——与你选择的路径不符的事物。

兴趣和热情	不喜欢

现在是深刻反思的时候了：

*你的"兴趣和热情"栏中的所有内容与你现在的课程匹配吗？

*"不喜欢"栏中出现的任何事物是否让你重新考虑自己的选择？

7 愿景练习：
设计成功路线图

既然你已经明确了自己的目标，现在是时候采取行动并设定与学习相关的目标了。你想要实现什么，打算如何实现呢？

有时候设定一个目标可能会是一个长期的过程。目标离我们很遥远，以至于我们不会马上采取行动，因而设计一张成功路线图可以帮助你解决拖延的问题。成功路线图帮助你把即将开始的旅程可视化，不仅指引你前进的方向，还会提示你那些可能使你偏离原定方向的阻碍。

以下是你需要做的事情：

首先，你需要在路线图的终点写下自己的目标。可以是申请某门课程，或者是你在学习中想要达到的成绩。在写目标时，最好写下你希望实现目标的具体日期。你在"目标"下可以看到"为什么"三个字，在这里写下实现这个目标对你而言为什么那么重要。如果你已经完成前三个练习，这一步应该很简单。

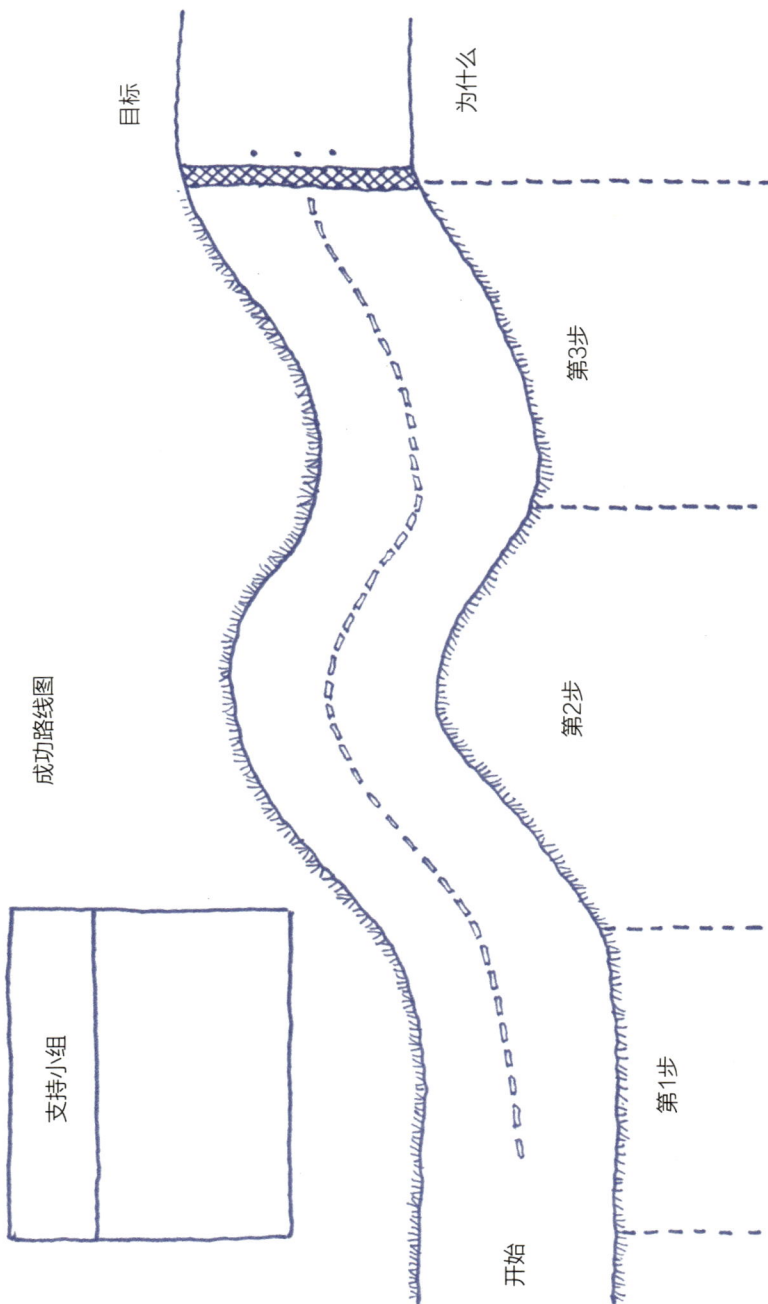

成功路线图

目标

为什么

第3步

第2步

第1步

支持小组

开始

其次，你需要将这些阶段细化为一系列的步骤，以旅程的形式在一段时间内完成。可以将它们想象成一条道路——一条能引导你穿越困难并前往终点的轨迹。

最后，建议你将地图放在一个经常可以看到的地方，这样能时刻提醒你为实现目标而需要完成的步骤。

8 愿景练习：每周三步法

这个练习是杰克·坎菲尔德（Jack Canfield）在《成功的法则》（*The Success Principles*）一书中提到的。坎菲尔德在谈到实现目标时，用砍倒一棵树的比喻来阐述这个观点。他说，如果你拿着一把非常锋利的斧头，每天对一棵树砍三下，无论这棵树有多粗壮，它最终都会被砍倒。对于你设定的任何目标，也是同样的道理。如果你每个月都朝着实现目标迈出几小步，无论目标多么遥远，你最终都会实现它。

坎菲尔德的理论使实现目标听起来像是必然的结果，这使得我们思考：人们没有实现梦想的原因不是因为他们没有梦想，而是因为他们根本没有采取任何行动。梦想仅仅是梦想，除非你付诸行动。

这个练习可能看起来很简单，但我们可以保证，这是我们曾使用过的最有效的技巧之一。

你只需每周朝着长期目标迈出三步就可以了，很简单吧？之后你只需要决定要采取哪些步骤，然后坚定地执行。

首先，明确自己的长期目标。

我的目标是：

再列出所有能使你离实现目标更近一步的行动。记住，每周只需要三小步。步子迈得再小也没关系，只要你在付诸行动。你可以在每周一的日记开头记录这些步骤（如果你有写日记的习惯），或者在下面的表格中记录前三周的步骤。

第1周	
第2周	

续表

第3周	

完成这个表格后，把它放在自己能看到的地方，如你的房间或学习区，这非常重要。

9 态度练习：聚焦坎坷之路的积极效益

你现在已经明确了学习动机，但你可能仍然对未来的学习之旅有一些焦虑和担忧。迈阿密大学的两位心理学家罗伯特·埃蒙斯（Robert Emmons）和迈克尔·麦卡洛（Michael McCullough）（2003年）提出了一个问题：如果我们回顾那些充满压力和困难的时刻，并将注意力转向我们从这些负面经历中吸取的教训，会发生什么？

他们请来300名学生回忆学习生活中最具挑战性的时期：成绩不佳、与同伴闹僵、被侮辱或冒犯、申请课程被拒绝。在这些受试者中，有100名被要求关注自己吸取的教训——从这些负面经历中最终获得的积极效益。结果发现，这100名学生在之后的学习中更好地应对了低谷期，并继续前进。埃蒙斯和麦卡洛发现，**负面经历总是可以带来积极的影响**。

大卫·科林斯（David Collins）是英国中央兰开夏大学

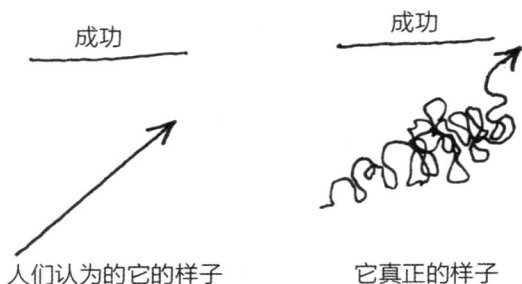

成功

成功

人们认为的它的样子

它真正的样子

（University of Central Lancashire）的教练与表现学教授，他曾指导过国家级的职业运动员，包括担任北京奥运会英国田径队的教练。科林斯与同事艾因·麦克纳马拉（Áine MacNamara）开展了类似于埃蒙斯和麦卡洛的研究（Collins and MacNamara, 2012）。

他发现顶级运动员都经历过所谓的"坎坷之路"。这意味着他们通常都会在成长过程中遭遇不少挫折、失败和失望。我们只听到运动员成功的故事，而那些挫折往往被忽略了。

科林斯教授认为前进道路坎坷对人颇有益处，因为你会在过程中锻炼出一些至关重要的技能。关键是不要沉浸在挫折中，而是要迅速从中恢复。

学习阶段总是要面临很多挑战和困难，但你可以将它们当成助力。想一想最近的负面经历（比如一个令人失望的考试成绩、一段你感到失去动力或方向的时期），同时考虑下述8个要点。每一点都要花些时间反思，可能这8点并不都适用于你，也许其中只有3~4点能帮助你更积极地看待这段经历，也许做些笔记可以帮助你思考。

想一想：

1 你拥有了之前没有的某种品质。

2 你对生活的某个方面有了更深的体会。

3 一个你从未有过的领悟。

4 你对某些事物有了更大的信心。

5 你学会或提升了某种技能：如解决问题的能力、反思和理解能力、沟通或自信辩论的能力。

6 与某人的关系得到了加强（也许是在这段经历中帮助或支持过你的人），或者改善了与你不对付的人的关系。

7 你从这段经历中总结出了某个"规则"或教训，现在你可以将其应用于新的情况。

8 你重新评估了某些事的优先级。

这个练习提醒你，困难时期会令我们成长。把这8个要点放在一伸手就能拿到的地方，你需要时时参考。

第3章

整合知识

问问自己：
哪些知识点是最重要的？
我如何安排和整理所有的信息？
它们之间有什么联系？
核心思想和重要概念是什么？
我如何重新整合这些知识，使其为我所用？

在这个阶段，VESPA模型的关键要素：
努力和系统性。

学习和整理全新的知识可能会让人感到不知所措，但是这件事没有捷径，你需要付出时间来完成它。好消息是，在学习了3~4次后，你会感觉好多了，你对学习的担心远比学习本身更可怕。

这就需要我们保持系统性。你需要使用一系列工具和方法来理解自己接触的所有信息。你需要学会记录它不然就没有意义，使用笔记、图表、表格、图示和其他图形整理工具；然后你需要学会整理它、重塑它，并加以理解，使之适合你的需要。本章的策略着重于记录和整理这两个方面，而且为你提供了一套实验性的工具包和方法论。

关于学习，这里有一个有益的观点：**新知识就像全新的领地，学习就像探索一个新城市或解锁电脑游戏中新的关卡**。蒂姆·厄本（Tim Urban）是长篇信息网站（waitbutwhy.com）的创始人，他非常了解学习。他的工作就是阅读大量不同领域的材料并学习它们，然后将它们重新编排为长篇文章——对一些通常被认为极其复杂的内容做简单的解释。

厄本对"新领地"有一个有趣的隐喻——他将这个过程比

作进入一个黑暗的房间，在一片漆黑中摸索，感到不知所措和害怕。厄本说："我总是感觉自己像是被蒙住眼睛进入一个房间，在这种情况下，我要做的第一件事就是试图弄清楚墙在哪里。"换句话说，这个主题的边界在哪里？什么不属于这个主题的范畴？

厄本使用维基百科来寻找边界（"它擅长告诉你'墙'在哪里"）。文章给出了你需要的关键信息，每篇文章的底部都有一堆链接，花几小时阅读它们并做好笔记（包括链接的内容），你会发现你摸到了漆黑房间的墙，紧接着，灯亮了，房间逐渐变得明亮，尽管还是有些昏暗，可你总算能看到一些东西了。

厄本会问自己："家具在哪里？我想先了解需要学什么。"桌子和椅子就是这个房间最重要的家具——学科的核心思想，因为它们在文章和链接中不断被提及。你需要熟记它们，并深入了解它们。在这一过程中，你会找到大量的其他信息———些看起来不易理解或还没有意义的观点。不要担心，这都是过程的一部分——把它们归类到"未解决"并继续前进。

那么，这个房间的地基是怎样的？厄本有一个巧妙的方法来探索这个问题，他建议把房间——即使这个房间是明亮的——想象成是建造在沙滩上，因而必须用深入垂直支柱来固定它，防止它移动。"你需要打牢基础，"厄本说，"继续探究有用的信息，并不断问为什么。"继续使用维基百科页面底部的参考资料来不断探究，着重搜索其中的关键概念和术语，就像你正在驱动一根根金属支柱深深地插入地面，使你的房间变得牢固、稳定。

然后，在支柱之间填充自己感兴趣的部分。在这样做的过程中，你会遇到大量相互矛盾的知识或信息，有争议的观点，不同的思想流派，不同的信仰等。不要担心，你只需要把它们都记下来，这样你就可以总结了。随着你的学习，你会开始明白谁更值得信赖。

最后，厄本会去网上看一场演讲、一堂课或其他科普性的视频放松放松，这是为了完善并加深自己的理解，将知识完整、系统地整合。你的学习目标是看完一个视频后，发现里面对你来说没有任何新的知识。一旦完成了几次这样的学习步骤，你就会发现你的理解已经相当牢固。

关键术语或定义：	其他术语，陌生或令人困惑的概念：	重要事件：	关键日期／时间段及其原因：
重要的思想家：	经常被提及的核心资料（如学术论文、书籍、艺术作品）：	两个重要的核心资料：	其他更多的参考资料：
关键的论点或争议：在哪些地方存在分歧？	在研究论文和文章中一直被提及的某个事物／某人：	你认为很重要的内容（来源必须可靠）：	核心原则或思维方式：

　　了解一个新话题可能会让你感到不知所措。在早期阶段，这种感觉就像是在一个陌生的城市中探险。

　　这个陌生城市中的关键地标是什么？什么事物显得非常重要？这份表格可以帮助你收集对新领域的初步印象。

　　上述表格只有12个格子，把其他不能装进去的内容都列在你的"目前未解决"清单中。

11 系统性练习：15 种图形组织方法

我们如何建立客观事实和理论之间的联系，并真正理解我们新掌握的知识？

其中一种方法是重新组织知识片段，图形组织工具可以帮助你做到这一点。例如，如果要比较两个主题或论点，你只需要列一个简单的两栏表格，标题分别是"相似之处"和"不同之处"。但如果想总结一系列结论相反的论点，你就需要考虑一个更形象的图形表示方法，也许可以从69~73页的建议列表中选择。

5种简单的图形组织方法

1 制作思维导图整理信息。

2 制作一个比较表格，列出两个研究、方法、人物、角色或历史事件之间的相似之处和不同之处。

3 制作流程图来总结整个过程。

4 制作Excel图表来表示数据。

5 制作时间线图表，展示一系列事件，包括因果关系。

请注意这部分的重点在于付诸行动——我们的每个建议都从"制作"开始，这要求你主动参与其中，重新梳理新的信息并使其转化为知识。

5种复杂的图形组织方法

你也可以尝试更为复杂的图形组织方法，它们通常采用比喻的方式，将信息转变为其他形式的东西。

例如，将你对一个主题的所有认知比喻为一棵树：

* 树干由什么关键信息构成？

* 树根承载的是哪些基础信息？

* 有哪些重要的分支？

* 哪些信息构成了树枝和树叶？

如果你觉得比喻的方式适合你，可以尝试其他5种形式：

1 一座有独立塔楼和坚固城墙的城堡。

2 从小溪流淌为河流，再汇聚成湖泊。（第73页会有一个示例）

3 一个有中央广场和街道的村庄。

4 一个时钟的表盘。

5 一部带有各种应用的手机。

5种进阶的图形组织方法

上面的比喻形式都是某种物体，但最佳的比喻形式往往是某个事件或过程，它是动态的，而且会有接连发生的事件。尝试使用某个"事件"来比喻总结你的学习。我们非常乐于使用下面这些事件，它们借鉴并改编自罗杰·冯·奥克关于创造力方面的书（*A Whack on the Side of the Head*，1992）。

1 烹饪食物：基本食材是什么？它们如何组合？烹饪过程是什么样的？最后如何装盘和上菜？

2 在一座荒岛上建立新居地：谁是开拓者？首先需要建造什么？如何运作农业？城镇是什么样的？

3 在暴风雨中航行：船是什么样的？帆是用什么做的？为了保持稳定需要什么压舱物？描述一下正在经历的暴风雨，船长需要如何应对？

4 种植花园：土壤需要怎样的状态？首先需要种什么？植物如何生长？维持生长需要什么？生长的威胁是什么？

5 指挥一个管弦乐团：乐团的组成是什么？有多少音乐家？他

们之间有什么关系？指挥是谁？是什么让音乐如此美妙？当
演奏出错时该怎么办？

下图是"丧尸"题材文学作品的发展脉络，它运用了我们刚
才所提到的小溪、河流、湖泊的比喻方式，你可以参考。

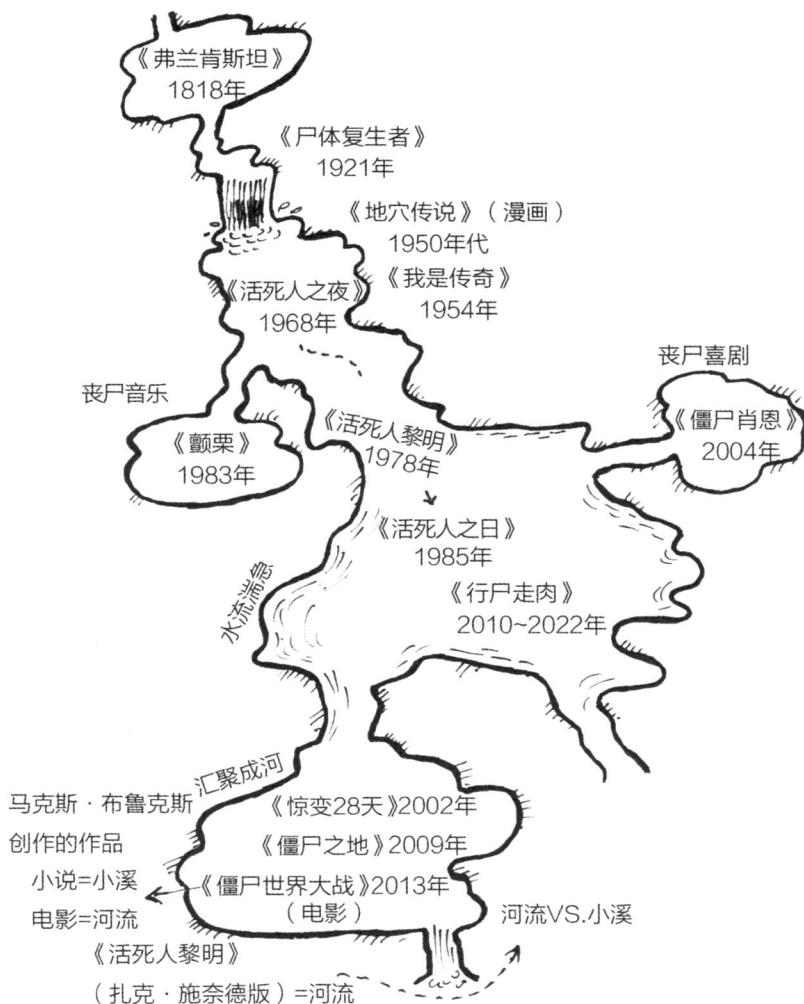

《弗兰肯斯坦》
1818年

《尸体复生者》
1921年

《地穴传说》（漫画）
1950年代

《我是传奇》
1954年

《活死人之夜》
1968年

丧尸音乐

丧尸喜剧

《颤栗》
1983年

《活死人黎明》
1978年

《僵尸肖恩》
2004年

《活死人之日》
1985年

《行尸走肉》
2010~2022年

水流湍急

汇聚成河

马克斯·布鲁克斯
创作的作品

《惊变28天》2002年
《僵尸之地》2009年
《僵尸世界大战》2013年
（电影）

河流VS.小溪

小说=小溪
电影=河流

《活死人黎明》
（扎克·施奈德版）=河流

12 系统性练习：
来自左下角的难题

　　随着你的学习逐渐进入整理与归纳阶段，你可能会感觉到有太多需要温习的内容以至于难以消化。有时你要复习的内容多得可能会让你感到应接不暇；老师会从各个角度提出要求，让你感到不知所措。列出任务的问题在于，单纯地列出需要做的事情并不能让你看到整体情况，你只能一步步完成各项任务。

　　使用坐标或网格可以帮助你评估整个学科的学习状况。一旦你对整体有了清楚的认识，就可以更加有效地利用时间，将精力集中在最需要的地方。

　　将你需要掌握的各个章节的重要课题或主旨放入第75页的图表中。

　　请把你需要掌握的每个主题以"·"或"×"的形式放到表格中。确定位置后，解释为什么要放在那里。然后，观察被放在左下角的课题。

喜欢

不理解 ———————————————————————— 理解

不喜欢

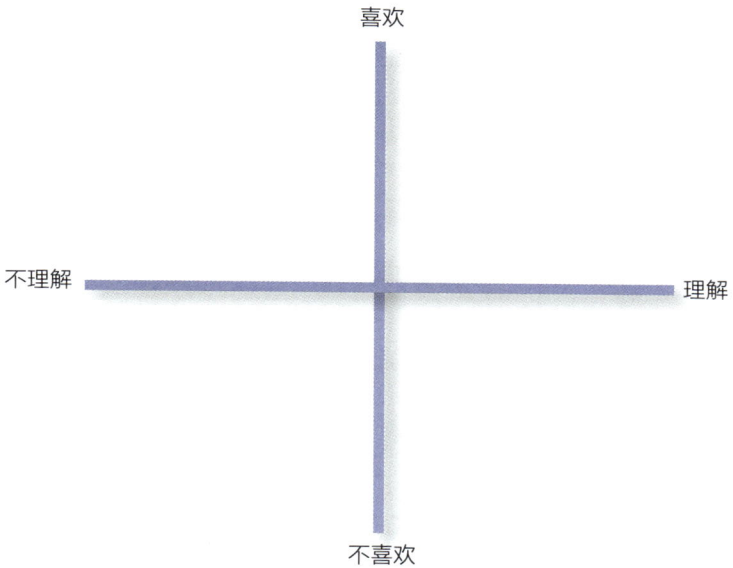

对左下角的恐惧!

许多人下意识地避开左下角的课题,因为一想到它们就觉得不舒服。但现在花一些时间来处理这些课题,可以避免以后可能出现的麻烦。

查看最靠近左下角(第三象限)的难题,再记下:

* 一项你可以完成的任务,完成后可以将它移到右边。

*一项你可以完成的任务，完成后可以将它移到上边。

完成这些任务可能需要你向老师请教或查阅资料，或者根据自己的理解为这些难题设计一个简单的介绍，可以与更擅长这部分知识的同学交流或请教学过这门课程的同学，除此之外，你还可以从课本或几篇学术论文中找一找灵感。

良好的优先级意味着你知道正在做某件事情的原因。普通的待办事项表存在的一个问题是，无论你如何确定列表的优先顺序，所有待办事项占据的空间都是相同的，因而它们在你心里的重要程度也是一样的。

但并不是所有任务都同等重要，与当前在右上角（第一象限）的课题相关的学习任务，即你理解且乐于学习的部分显然对你而言更加重要。

在右上角的课题中，你有什么办法可以更快、更高效地完成这些学习任务吗？有什么不重要的部分可以先放下吗？可以向他人求助吗？你的目标是通过高效、快速地完成当前进展良好的课题来为自己争取时间。

写下一些可能的想法：

....

....

....

现在你可能为自己节省了一些时间，记下位于左下角的哪个课题需要花最多的时间：

....

....

....

利用节省下来的时间，现在开始着手处理它吧！

系统性练习：根据注意力状态分配学习任务

    每个人的一天都经历着不同的阶段，你可能也不例外——有时你充满活力，跃跃欲试；有时你的能量水平非常普通；有时你感觉自己的注意力不集中，主动性下降。

    每个人都会在一天中经历这三个阶段，如果你感到自己能量水平较低或无法集中注意力，却又看到周围的人都在努力工作，请记住他们和你是一样的——你们只是处于一天中的不同阶段。

    有些人能够预测何时会感到充满活力（可能是在早晨，也可能是吃完早餐后或运动后），以及何时效率会下降。许多人可能没有注意到这种规律，而一旦注意到，就可以利用这种规律。对不关注这种规律的人来说，自己的状态是完全随机的。

    格拉汉姆·奥尔科特（Graham Allcott），Think Productive的创始人，是这样定义这3种状态的。

1 **主动注意力**（全神贯注，充满活力，感觉神清气爽）。

2 **积极注意力**（投入其中，顺利推进）。

3 **无效注意力**（疲惫，煎熬，有些迷茫）。

他认为真正成功的人在这三种状态下都能完成工作。当处于第三种状态时，他们不会放弃，只是换一种任务而已。

列出你目前手头上的所有学习任务，然后将其分类。复杂而具有挑战性的任务放在"主动注意力"下，当你全神贯注、充满活力和精力充沛时处理这些任务；常规任务放在"积极注意力"下，当你感觉推进顺利时处理这些任务；相对轻松的重复性任务放在"无效注意力"下，当你感到疲劳或思绪不宁时切换到这些任务。

主动注意力	积极注意力	无效注意力

将这个列表带在身边1~2周，每当你准备开始学习时，检查一下自己的注意力状态。静坐片刻，倾听你的身体发出的声音，确定自己处于哪种注意力状态，然后回顾你需要完成的任务列

表，选择适合你当前注意力水平的任务。如果该列中没有合适的任务，从相邻列中找一个相对适合的来完成。

　　一两周后，看看自己能否察觉自己的注意力水平规律。你可以在类似下面这样的表格中使用不同颜色来标记自己的注意力水平。绿色表示主动注意力，黄色表示积极注意力，红色表示无效注意力。

时间	星期一	星期二	星期三	星期四	星期五	星期六	星期日
上午8：00~10：00							
上午10：00~中午12：00							
下午1：00~3：00							
下午3：00~5：00							
晚上6：00~8：00							
晚上8：00~10：00							

　　我们发现，大部分人的注意力水平都是可以预测的。有的人在一天的开始时充满活力，但随着时间的推移逐渐减退。有的人会受到饮食的影响，例如，午餐后感到疲倦。还有人找到了在做

重要工作之前尝试激活主动注意力的方法。

这个技能非常有价值，如果你能提升注意力水平，你可以在更短的时间内完成更多的工作。你可以尝试一些增强注意力的方法，这些都是我们采访过的学生总结出的实用技巧。

***在学习前锻炼**：跑步、散步、绕着街区慢跑，甚至有的学生会选择做一轮高强度的运动！

***在学习前听音乐**：戴上耳机听一段激发动力的音乐。

***一些其他工作前的仪式**：通过整理学习区来进入"学习状态"，洗一个热水澡，换身衣服或玩一个快速的十分钟游戏（色彩鲜艳的解谜游戏比复杂的策略或角色扮演游戏更有效）。

记录下你的尝试和计划：

14 系统性练习：应对信息过载

当开始一个新的课程或主题时，我们常常因为有太多的信息需要整理或过滤而感到不知道从哪儿下手，这就是信息过载。你可能会碰到你还没读过的期刊或文献引用，你不了解的关键名词或研究；如果你去调研，会发现问题变得更复杂，会有越来越多的信息涌入。

没关系，有4个方法来解决这个问题，帮你掌控信息的洪流，让一切变得更井井有条。

策略性地无视

这是个简单而高效的方法，当你遇到一个新奇而又出乎意料的信息时，先别急着了解它，大胆地对自己说：这个暂时先放一边，我现在不想学。把它放到你待办清单的边缘，先暂时忘掉它。

就算别人都很懂这个，一直提起它，你也别担心，你之后会再处理它。设定一个学习日期，比如一周后，然后问自己4个关键问题：

* 这个信息对我现在的学习进度是否至关重要？
* 到目前为止，没有这个信息我能做好吗？
* 有人会嘲笑我不懂这个吗？
* 我有没有因为不懂这个而遇到了问题？

如果你的回答暗示着你现在没有必要了解它，就再给它一周时间。

即时与万一

我们都知道有些人是"囤积者"，他们会囤积很多这辈子都用不完的东西，可他们总说："我留着这些，以防有一天我会需要。"

还有"需要时再买"的人，他们手头上并没有马上需要的东西，他们的房间整洁宽敞。但是，如果真的缺了某样非常重要的东西，他们总是可以在第二天得到它。

学习也一样。有"备用"的信息——你读过的一本书，充满了你从未用过或者根本不需要的点子和知识，可是读起来让你觉得很有收获，你还做了笔记。而有些信息是"即时"的——比如你在考试前一周浏览的网站给了你2~3个关键的解题思路。

复查你的计划阅读书单，做一个快速的判断。把大部分内容放入"备用"文件夹，然后先从"即时"文件夹开始着手。

三点阅读法

这个方法是我们从攀岩运动里学来的。攀岩时，要保持身体和岩壁之间有三个接触点，我们可以把这个理念应用到阅读上。

不要读全部的文本，而是读其中三个部分，然后评估一下自己是否需要读剩下的部分。我们推荐的阅读教科书或研究论文的三个接触点是：

1 **引言/摘要**：看起来有用吗？如果犹豫不决，就跳到第2点。

2 **第一部分**：快速浏览，大致读到整本内容的30%。感觉如何？如果确实有用，再回去完整地读完第一部分；如果不行，就放弃它。如果你还不确定，就跳到第3点。

3 **结论**：跳到末尾，看看有什么总结性的发现、结论或精练的学习成果，从而做出最终判断。

如果你还是不确定，就把它归入"备用"文件夹；如果正是你需要的，就把它放入"即时"文件夹。

在线公开课

你知道吗？许多学者和专家会在大学或某个会议上专门办一场讲座，介绍自己新出版的书，而且经常将其录制下来。

当想要迅速了解一本重要的书，提取其中的精华内容时，我们经常利用这种方式。只需打开相关的视频网页或App，搜索作者的名字，找到一场新书发布讲座。作者在演讲中已经花费了很多心思准备和提炼自己的作品中最重要的部分——他们已经为你做好了"剪辑"。

思考、计划、想法：

第 4 章

融会贯通

问问自己：
如何将知识为我所用？
如何创建一个知识库？
如何在压力下展示我对这些知识的掌握程度，并加
以应用？
如何做好准备并开展实践？

在这个阶段，VESPA模型的关键要素：
努力、实践和态度。

在进入融会贯通的阶段前，你需要明白信息和知识之间有着重大的区别。此时，你拥有的只是大量的笔记形式的信息，将这些信息转化为知识意味着要实际运用它们做一些事情：

* 解决问题。

* 回答棘手的问题。

* 生成解决方案。

* 在论文中建立论点。

* 批判观点。

* 证明观点的正确性。

* 评估结果。

在以前的学习阶段，你需要做的大部分事情是记忆信息，考试要求你回忆所学的内容。现在不同了，你需要运用自己掌握的信息去实现某些目标（这听起来理所应当，但很多学生却忘记了这一点）。要做到这一点，需要充分练习。

以国际象棋为例，假设你从未下过棋，但是有个朋友想和你比试比试。你不会通过阅读"如何成为国际象棋大师"且做大量笔记来准备这场较量。那样的话，可能在比赛日你满脑子都是这样的信息——象棋从早期起源到人工智能革命的历史、著名棋手及其特定策略、所有可能的开局或诡计陷阱等。而如果这些是你为象棋比赛做的全部准备，你大概率会输掉。

相反，你会选择真正下几盘棋。

首先，你可能会找一个了解棋局且愿意与你慢速对弈的朋友。在对弈过程中，你会发现一些关键原则——棋局的运作方式、组成部分、有效策略、无效策略。你会产生问题，感受下棋的感觉。（顺便一提，"慢速练习"是音乐家练习棘手乐曲时常用的技巧。）

在对弈过程中，你可能会下2~3盘慢棋，以弄清楚每个棋子的作用以及棋局的开始、中期和结束阶段。一旦认为自己对基本规则有了足够的了解，你可能会找一个初学者——一个和你水平相近的人下棋。之前在慢棋中积累的信息会在这个时候被应用，你会尝试自己执行一系列棋步，这次的下棋速度应该是正常的。

你可能会进行3~4盘正常速度的对弈，在你逐渐摸索出要做什么以及不要做什么的过程中，会犯很多错误，也会有很多技术上的突破。你正在运用你拥有的所有信息，并将其转化为对象棋的实际运用知识（信息+经验=知识）。

因此，当你面对朋友的挑战时，这不会是你第一次下象棋，可能是第十次或第十五次。你尽力准备了，但你可能还是会输得很惨，而你已经经历过几次失败了，知道那是什么感觉了。你的表现可能还是相当不错的，而且你发现在你目前所处的水平之上还有一个更高的水平。

这个例子对你的学习来说也是一样的。我们认为，所有的练习都可以分为三个阶段：

1 掌握内容——收集并记忆所有的信息。

2 通过限时的压力测试来培养灵活运用所学知识的能力。

3 通过测试中表现的反馈或成绩做相应调整。

当调查学生时（我们还调查了另外两所学校的学生以确保调查对象不是特例），我们发现学生在第一阶段花费了80%的时间用于复习内容；在第二阶段花费了大约15%的时间，即在限时的压力测试下完成考试试卷；剩下5%的时间用于第三阶段，即寻求反馈。

这种时间分配是完全错误的：在内容收集阶段太过于关注收集和记忆信息。实际上，这三个阶段之间最合理的分配方式就是平均分配（我们建议40%/30%/30%）。

当然，这需要努力。反复面对复杂的问题是很困难的，尤其是在开始时你可能表现相对较差。这就是为什么我们在这一章节中还包括了态度因素。你会遇到挫折，那些心理障碍会频繁出现，提醒自己现在也许不够好。这是不对的——你需要经常提醒自己，而且应对那些负面的声音。

本章的方法关注努力、实践和态度，为你提供了一系列方法，帮助你将信息转化为知识。

15 努力练习：
自主学习前的三问

我们发现绝大部分的学生非常擅长制订复习计划，他们制订了行之有效的复习和自主学习计划，安排了每一天的每一分钟，最后却没有按计划执行。

这都是我们曾经做过的事情，如果你也有过这样的经历，请不要自责。我们为什么拖延？我们为什么不愿意付出努力？实际上，从你说你要"复习"或"独立学习"开始，问题就已经产生了。

当你要复习时，这个打算听起来含糊且不明确。**当你的大脑认为你即将开展的活动是模糊和不明确的，它通常会开始找出你为什么不应该这么做的理由**（这其实挺有用的）。它不确定你将要做什么，或者怎么做，你的大脑开始让你觉得这样做可能没有用，然后你就开始拖延了。

那么，如何克服这个问题呢？

有一个相当简单的方法，但我们向你保证它是有效的。你需要将活动具体化，在每一次复习或自主学习之前，你需要坐下来回答3个问题：

1 **我打算如何复习/学习？** 你必须明确"如何"（你将采用什么学习策略），以及你将复习什么。这意味着明确指出自己将要专注的主题，以及你将要做哪些事情来完成这些内容。

2 **我打算复习/学习多长时间？** 对时间要非常明确。如果你需要积极复习，每次的时间不应超过2小时。记得每40分钟休息一下（10分钟）。使用"25分钟冲刺法"（第27个练习）来帮助自己安排学习时间，你会发现克服拖延变得更容易了。

3 **我如何知道自己是否取得了进步？** 你怎么测试自己？如果你2小时内只是坐着被动地阅读笔记，你根本不知道自己是否取得了任何进步，所以你需要用某种方式测试自己。这可以是你要回答的一组问题；可以是你给自己设置的迷你演讲；或者是在学习结束时按时完成的简答题。

刚开始时，你可以习惯性地用这些方式思考，但在开始每次复习或自主学习前，请先填写第93页的表格。

完成了几次后，你可能会开始注意到，某些课程的复习比其他的更容易。小心那些感觉过于简单的课程，这通常是因为计划的活动不够具有挑战性导致的，可能这些练习相当简单且无聊。

在学习时，试着问自己："我最严格的老师会让我用1小时的时间就搞定这个吗？"如果答案是否定的，你可能需要提高难度。通过这种方式，你可以在更少的时间内完成更多的学习任务。

我打算如何复习/学习？	
我打算复习/学习多长时间？	
我如何知道自己是否取得了进步？	

实践练习：
用九宫格法组织信息

掌握信息的重要步骤是重新塑造它——重写你的笔记或重新组织并建立成你自己的东西。

实现这一点的方法之一是九宫格法。你需要一张A4纸，将纸横向摆放在面前，将其折成三等份，像这样：

然后，把它横过来，再将其折成三等份，展开后，你就得到了九宫格：

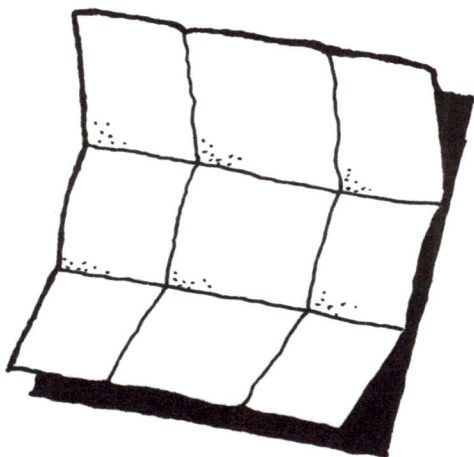

填写这个九宫格有三个步骤：

1 你的目的是用九个方格概括一个完整主题的课题。首先问自己：有哪九个关键的章节或子主题？如果我必须用九个要点来概括这个课题，它们会是什么？我如何把相似的学习资料分组？我如何联系这些内容？

主题或课题：

....

九个可能的课题领域、子主题或章节：

（1）..

（2）..

（3）..

（4）..

（5）..

（6）..

（7）..

（8）..

（9）..

2 一旦你有了这九个子主题，你需要找到一种方法，用九个小方格概括你的笔记。你不能再使用其他的额外空间，所以尝试使用图表、图片、思维导图或其他图形组织方式来压缩信息。不管你怎么做，都要将所有内容填入这九个小方格中，然后拍照记录。

3 现在仔细浏览整个九宫格，在另一面列出你需要掌握的关键概念、想法和词汇，这样整个课题的知识点就呈现在一张纸上了。

一旦完成了九宫格笔记，你才算真正掌握了这些信息。你之所以掌握了，是因为你整理、连接了它们，并赋予其新的意义。重新组织的过程对回忆信息和知识的能力有重大意义。

17 实践练习：
用莱特纳盒子记忆信息

　　莱特纳盒子是由德国科学家塞巴斯蒂安·莱特纳（Sebastian Leitner）开发的一个非常有效、易于实施的记忆练习系统。它基于使用卡片来学习和回忆信息与知识，所以这个活动需要一整套与学科课题相关的卡片。这些卡片通常用于记录关于课题的简短、易于阅读的要点信息。

　　莱特纳指出，当有大量信息需要用卡片学习时，我们倾向于偏爱自己已经熟悉的内容，而下意识地避开那些难以掌握的内容。为了避免这种情况，你可以在盒子里划分出四个部分（或干脆使用四个盒子）：

　　***盒子1**。在这里放置需要频繁练习的内容。这些是你记不住的知识点——你需要定期复习和重读，因为当你尝试回忆它们时经常会出现错误，你甚至根本不知道这些内容。大约40%的时间应该用来钻研这些卡片的内容。当你成功完整地回忆一张卡片后，将其移至盒子2。

*盒子2。 大约30%的时间花在这里。这是你刚刚从盒子1移出的内容，或者仍然让你感到困惑或混淆的内容。这些内容应该定期回放到盒子1（如果你记不住）或下放到盒子3（如果你已经掌握）。

*盒子3。 你要花20%的时间在这里，你在测试自己时几乎总是正确的。即使内容很复杂，你也感到很有信心。然而，如果你在回忆测试中犯了任何错误，这张卡片必须移到盒子2。

*盒子4。 一开始只有少量卡片在这里，都是些你认为很简单的内容。你总是能答对，所以你只需要花10%的时间来检查这个盒子里的内容。因为你非常熟悉这些内容，所以你几乎不会把里面的内容移出盒子4。无论多么自信，你还是需要偶尔检查这些内容。

如果按照这种方式练习回忆，你会发现你不会忽略任何信息。你不会被"熟悉陷阱"困扰——你觉得你对某个东西了解得很深，所以永远不需要测试自己。而且，你会把注意力集中在需要着重记忆的难点内容上。

使用第99页的表格来规划每个盒子中可能需要放置哪些信息：

盒子	可能的课题/主题
盒子4：40%的时间	....
盒子2：30%的时间	....
盒子3：20%的时间	....
盒子1：10%的时间	....

　　如果有一种品质能够区分高绩效学生与普通人，那一定是勇气和决心，优秀的学生总是花时间专注于自己的弱点。这个练习帮助你确定自己需要关注的地方，虽然这可能让你感到不舒服，但它会对你的学习成绩产生巨大的影响。

18 态度练习：
向前迈进的失败者

　　美国记者丹·科尔（Dan Coyle）[《天赋密码》（*The Talent Code*）和《一本关于天赋的书》（*The Little Book of Talent*）的作者]认为：错误是一种信息。他说，那些在某个领域变得出色的人之所以能更快地进步，是因为他们犯了很多错误，而且留意这些错误，并从中汲取了经验教训。

　　因此，如果我们想要最终取得成功，失败是至关重要的。然而，人们对失败有截然不同的态度。有些学生讨厌失败，不惜一切代价避免失败，因为失败让他们感到尴尬、羞辱和无用，所以他们通过掩盖自己的错误以避免失败，比如不参加测试或跳过难题，结果是他们进步非常缓慢。

　　有些学生已经认识到失败的重要性，你的任务就是努力成为这些人之一。约翰·麦克斯韦尔（John Maxwell）在他的书《向前迈进的失败者》（*Failing Forward*）中这样描述：有些人因失败而后退（失败让他们退步），而有些人因失败而前进（失败加速他们的成长）。

请看麦克斯韦尔对这些不同类型的失败特征的描述。

因失败而后退	因失败而前进
归咎于他人	承担责任
重复同样的错误	从每一次错误中学习
期待永远不会失败	知道失败是过程的一部分
始终认为自己将会失败	始终保持积极进取的态度
盲目接受传统	挑战过时的观念
被过去的错误局限	敢于承担新的风险
认为"我是失败者"	相信某些事情没有奏效
减少努力	坚持不懈

现在试着调整你的思维方式，试着接纳右列的说法。

*回想一下最近一次的失败，并用一段话描述它。它可能是一次糟糕的考试或论文写得不好。

*看看老师的反馈，他们针对你的作业指出了哪些薄弱环节？做一些笔记，用自己的话重新表达他们的反馈。

*最后，列一个简单的清单：下次你打算怎么做？

最近的失败：

....

....

....

我收到的反馈：

下次我需要做的是：

当你阅读麦克斯韦尔关于因失败而后退的描述时，哪些特征最像你？如果你能选择一个你觉得需要立刻停止的特征，你会选择哪个？你打算采取什么行动以代替？

第 5 章

心流与反馈

问问自己：
我是否还能达到更高的水平？
我如何达到这个水平？
我能否客观地明确自己的哪些方面做得很好，哪些还
需改进？
为什么其他人似乎都能进入这个状态而我不能？
是否存在更好、更快的方法来实现这一目标？

在这个阶段，VESPA模型的关键要素：
努力、实践和态度。

匈牙利裔美国心理学家米哈伊·奇克森米哈伊（Mihaly Csikszentmihalyi）在20世纪60年代首次提出了"心流"（flow）一词，用来描述全神贯注、灵活而忘我的工作状态。在1996年接受约翰·吉尔兰德（John Geirland）的采访时，奇克森米哈伊谈到了对一项活动的完全投入，以至于"其他任何事情似乎都无关紧要，自我消失了，时间飞逝……你整个人都沉浸其中，全力以赴发挥自己的技能到极致"。

我们很有可能都经历过这种状态，比如在跑步、写作、绘画或者玩游戏时。对舞者、音乐家、攀岩者、艺术家、外科医生、国际象棋选手以及处于不同领域和文化的人们的大量采访，使奇克森米哈伊坚信这种状态确实存在。后来，在他的职业生涯中，他开始关注导致这种状态产生的因素。

奇克森米哈伊提出了10种因素。为了简化和实用性，我们选择了其中4种最适用于学业学习的因素：

1 **明确的目标、期望和规则：** 意识到什么是良好的表现，目标是什么，会被如何评判（反馈、评分标准或其他学生高水平作品的示例）。

2 **高度的专注和投入**：你需要全神贯注。

3 **即时反馈（不一定来自老师）**：这里指的是定性反馈，对事
情进行得是否顺利或是否需要调整有一个感知。

4 **能力水平和挑战之间的平衡**：任务具有挑战性，但"与个人
的技能和能力相匹配"（Kotler，2014），这给予了一定的
对情况的掌控感，即使这种掌控并不是完全自信的。用奇克
森米哈伊的话说，即"心流涉及迎接挑战并培养技能……它
促进了能力成长，这是一种超越目前现实的前进方法"。

奇克森米哈伊得出结论，心流通常出现在"痛苦、有风险、
困难的活动中，这些活动超出了个人的能力范围，并涉及新颖性
和发现性"。

基于这些，请你思考以下四个问题：

1 **在你学习/复习/准备/实践时，感觉舒适吗？** 首先考虑情感
和心理上的舒适程度——你是否因为自己所做的事情而感到
挑战或受到激励？再考虑身体上的舒适程度——你在什么地
方学习？躺在沙发上、躺在床上、盖着毯子，或者坐在舒适
的椅子上？我们发现，学习者接近心流状态时，对身体上的
舒适要求相对较低。一把简单的椅子和一张桌子就足够了。

2 **你的学习活动是否让你感觉轻松或舒适？** 你最近一个学习环节中觉得最困难的事情是什么？

3 **你对自己的进度有多担忧？** 在为自己设定的挑战中，你是否经常失败或遇到困难？

4 **你是否觉得在学习时时间飞逝？** 你是否发现自己沉浸在问题或疑问中？如果是的话，是什么时候？在什么情况下？是什么或怎样的模式引发的？

如果你感到过于舒适，这可能解释了为什么其他人取得了更多的进步，因为他们正在克服更难的学习任务，而且时间也利用得更加高效。

19 实践活动：
寻找心流

当人们进入心流状态时，他们的工作能力令人惊叹：进步更快，学习更迅速，持续挑战自我且处于更高水平开展工作。他们似乎付出了更多的心力，通常之后感到相当疲惫。

许多社会学家研究了如何达到心流，总结出以下两个客观条件：

1 **心流与挑战之间似乎存在联系。** 如果你做的事情太容易，不需要你投入全部的注意力，就无法进入心流。

2 **心流与你的技能水平之间存在联系。** 如果你尝试的事情远远超出自己目前的能力范围，你也无法进入心流。

如果找到挑战与能力范围之间的平衡点，你就开始接近心流状态了。一位社会学家绘制了一张情绪图表，向我们展示心流所在的位置，我们在这个基础上，提供了一个修改版。

想象一个有三条泳道的游泳池：

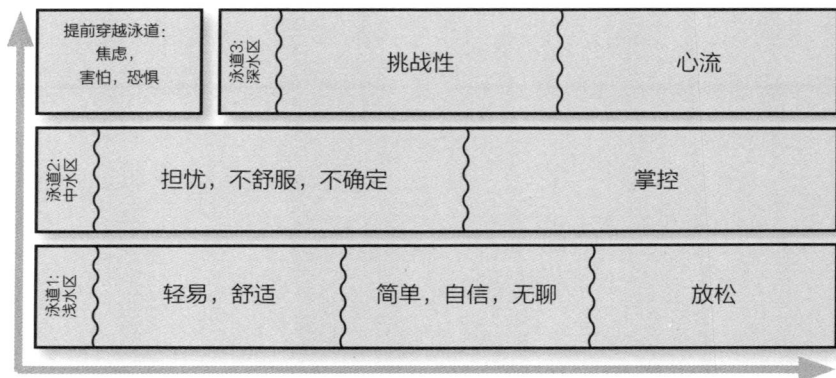

提前穿越泳道：焦虑，害怕，恐惧	泳道3：深水区 挑战性	心流
泳道2：中水区 担忧，不舒服，不确定		掌控
泳道1：浅水区 轻易，舒适	简单，自信，无聊	放松

在泳道1中，水很温暖。换句话说，这是一个宜人、安全和舒适的地方。这里的任务不具有挑战性，学习很容易。即使你的技能水平提高了，如果在泳道1中，你仍然感到轻松。

在泳道2中，水深且冷。如果你习惯了泳道1温暖的水，进入泳道2时会感到不适。游泳者在这里需要游得更快——换句话说，学习更加困难。你在一开始可能会感到担心，但只要你停留足够长的时间，你会开始感到自己可以掌控局面。

在泳道3中，水很深很冷。这里的环境很艰苦，学习任务具有挑战性，游泳者需要快速进入水中并迅速前进。心流状态就在泳道3中出现。你必须从泳道1开始，经过泳道2，最终才能到达泳道3，没有其他任何方法可以直接进入心流状态。

不要尝试提前穿越泳道！有时候你会想尝试在中段切换泳

道，这非常容易让你迷失方向，发现自己误入了充满焦虑的深水区中。你会发现那里的水冰冷刺骨！如果你感到恐慌，不知所措或害怕，请返回，找一个更温暖、更安全的泳道。在那里建立自信，再试着换泳道。

你现在处在哪条泳道上？

对课程的不同部分，你可能处于不同的泳道。让我们只回顾你在某一章节的复习情况。

章节：..

当你复习这个章节时，你有什么感受？回想自己上次的复习经历，将它与三条泳道做比较。泳道的描述可能并不符合你当时的感受，但那段经历是否与其中一条泳道感觉相似？你认为自己目前处于哪条泳道？

....

....

....

记录你的想法：

改变泳道意味着更多挑战性。如果你打算改变泳道，请记住：

*你需要选择更难的复习任务来提高自己的学习挑战性以更换泳道。

*开始时可能会焦虑，感到不适以及压力。

*如果你维持的时间足够长，这些感觉会逐渐消失，取而代

之的是控制感或潜能。

让我们列出一些你可能会做的复习练习。为了帮助你，我们提供了美国肯特州立大学的约翰·邓洛斯基（John Dunlosky）提出的一系列学习策略。邓洛斯基及其同事（2013）做了一项对十种流行的学习技巧及其有效性的研究。（我们调整了他的表达方式，以使其更易理解。）阅读下表，看看你以前使用过多少种？

学习技巧	经常用	有时候用	不怎么用
实践测试——采用正式考试时的环境，按规定时间测试			
间隔练习——将练习测试和复习的时间安排分散开来，分布在一段时间内；选择小段时间学习，而非长时间集中学习			
解释性提问——向他人解释清楚复杂的概念和思想，即教授别人这些学习资料			
自我解释——解释新信息与旧知识之间的联系			
交错练习——从一个主题转移到另一个主题，从一个任务转移到另一个任务，从一个学科转移到另一个学科，而不是长时间连续做同样的练习			
总结——写出/记录要学习的信息的摘要			

续表

学习技巧	经常用	有时候用	不怎么用
标记——阅读学习资料时标记关键信息			
记忆技巧——使用容易记忆的单词、短语、首字母缩写或关联词来增强记忆			
将文本转化为图像——尝试将信息转化为图像，以便更好地记忆			
重新阅读——把所有的笔记和课程教材都整理出来，重新阅读一遍			

为什么是这个顺序？

邓洛斯基发现，列表中越往下的活动，效果越低——列表底部的方法对学习的影响较小，而顶部的方法对学习的影响较大。使用效果低的方法，你仍然可以学得很好，可你需要付出更多努力才能使知识牢固，而且需要更长的时间。通过推动自己使用列表顶部的方法，你的学习会更加有效。列表顶部的一些活动需要付出更多努力，可它们的效果会更好。

使用第112页的表格，尝试先排列再加入自己的方法——你正在做的很多事情可能并不在邓洛斯基的列表上。如果某种方法让你感到轻松舒适，请放在泳道1；如果它让你感到不舒服或者稍微有些担心，请放在泳道2；如果一想到它，你就感到害怕和抵触，请将它放在泳道3。

泳道	心理状态	学习方法
1	冷漠，舒适，轻松，自信，无聊，放松	
2	担忧，不适，不确定，还在控制范围内	
3	有潜力的，心流	

　　下次当你感到进展缓慢、感到舒适且无聊时，你就知道是时候换条泳道了。选择一个水更深、更冷的泳道开展下一步的学习吧！

20 实践练习：运用 K-SPA 模型突破障碍

执业心理学家兼大学讲师艾莉森·普林斯（Alison Price）对成功人士的心理学非常感兴趣，在经过了一段时间的研究和采访调研后，她提出了一个有趣的模型，用于描述人们在取得学习突破之前做的准备工作。普林斯认为，这些突破不是一夜之间发生的——它们是经过精心策划、准备和坚定行动的结果。

面对问题时感到沮丧和失落是很正常的。我们该如何克服这种情绪？应该怎么重新开始？接下来该做什么？

我们改编了普林斯的研究成果，并创造了K-SPA模型，这个模型建议关注以下4个方面以突破障碍：

K **知识（Knowledge）：** 为了突破障碍，你需要学习更多的知识。

S **购物（Shopping）：** 为了突破障碍，你需要具备一些物质条件。

P **练习（Practising）：** 为了突破障碍，你需要在某些方面更加优秀。

A **行动（Action）：** 为了突破障碍，你可以立即采取的行动。

首先，确定你遇到的障碍。其次，在接下来的几周内，你有能力消除它。选择一个阻止你前进的障碍。

问题或障碍：

现在使用上述4个方面的内容来构思解决方案。在某方面有一大堆想法时，请选择对结果影响最大的方案——同时坚持下去。最后，你应该得出四个可行的行动方案，然后对它们进行排序。

知识 （Know ledge）	可能需要研究和学习的领域： 我要学习的某件事：
购物 （Shopping）	可能需要购买的东西： 我要购买的某件东西：
练习 （Practising）	可能需要练习的领域： 我要练习的某件事：
行动 （Action）	可能立即采取的行动： 我马上要做的某件事：

　　这里最重要的是这4项行动的执行力。为了最大化成功的可能性，请选择你确定自己能够执行的，并安排好时间，明确应该何时采取行动。

如果你遇到了困境或者之前的方法没有奏效，可以回顾你列出的清单，选择另一项。这个方法很有效，因为它为你提供了四件简单易行的事情。记住，你不必按顺序执行。

或者，试试将你的四项行动按难易程度从高到低排序，然后按照这样的顺序完成它们：

将行动1作为第二容易的行动。

行动1：_____

截止日期：_____

将行动2作为第三容易的行动。

行动2：_____

截止日期：_____

现在给自己点奖励，你已经完成了四项中的两项，适当休息一下！

将行动3作为最容易的行动。

行动3：_____

截止日期：_____

最后完成第4项——最难的一项。

行动4：_____

截止日期：_____

可以根据你的意愿或状态找到最适合你的行动顺序。希望普林斯的方法能帮助你突破障碍并获得前进的动力！

21 态度练习：
建立问题解决循环框架

本节的方法基于莱斯特大学的大卫·科尔布（David Kolb）的研究。科尔布的研究表明，我们通过实践学习的效果最好。如果我们付诸行动并尝试解决某个实际的问题（亲身体验而不仅仅是阅读或思考），将极大地提高我们的意识、理解和技能掌握能力。科尔布提出了"体验式学习"的概念，这种学习方式将会经历四个阶段（McLeod，2017）。

当我们第一次接触到科尔布的研究时，他是将四个阶段组合为一个解决问题的框架。这套方法非常有效，我们接下来会分享具体的操作步骤。请预留30分钟时间以完成这个练习。

首先，选择一个你正在努力解决的问题或正在面对的障碍。它可能与学习习惯、成绩表现、精神状态或特定学科的问题有关。

问题或障碍：

....

....

问题导致的结果：

....

....

其次，请使用第120页的表格，将问题分解成科尔布的问题解决循环的四个阶段，可以参考第119页的指导来了解如何最好地处理每个阶段。

我们每个人都可能对其中的某一阶段有所偏好，有时可能会在其中长时间停留。我们都有过这种经历：有些人总是无休止地谈论某个问题，却从不采取任何行动。正如独立思考创始人伊恩·吉尔伯特（Ian Gilbert）所说："创造力始于'如果……要是……'，而平庸则以此结束。"（2014）这样的人可能总是在第1或第2阶段感觉最舒适——喜欢描述或分析具体问题。

如果你就是这样的人，你需要仔细辨析自己所提出的种种"原因"和"借口"。将所有问题都归咎于我们无法控制的外部因素是一种不好的习惯。相反，当你能够承认并正视自己的问题，你才有可能找到解决问题的办法。

要让这个循环发挥作用，你需要在每个阶段都花足够的时间，充分发挥每个阶段的作用。

科尔布的问题解决方法被称为"根本原因分析法"，即深入

1. 探索问题

关键问题："目前发生了什么？"

花10分钟时间，评估你目前所处的确切情况。不要使用带有评判性或情绪化的语言（如"糟糕""差劲""噩梦"），使用事实和数据（"我目前成绩是E""我没有动力"）。搜集你能找到的所有证据——成绩、测试分数、出勤率、努力程度、身体状态和反馈建议等。只描述，暂时不要考虑因果关系，不要使用"因为"，避免辩解任何事情，冷静客观地列出你目前经历的一切状况

2. 分析问题

关键问题："为什么会发生这种情况？"

再花10分钟时间，列出导致问题发生的每一个原因。列表可以尽量具体、详细探究你自己的行动、态度和信念；周围人包括导师、辅导员的影响，讲座、学习资料等外部事件的影响。冷静地列出所有事项，确保没有遗漏。现在还不需要费心解决方案，慢慢来

3. 决定行动方案

关键问题："我能做些什么？"

再花10分钟想想，回顾目前的情况及其原因，只关注你可以解决的部分就可以了。冷静地把超出你控制范围的事情放在一边，仔细筛查你对问题的分析，然后列出你可以做的事情。在这个过程中不要批判自己，忽略你脑海中浮现的"那是个馊主意！"或"那怎么可能行得通？太荒谬了！"等想法，继续列出可行的行动方案。从"我可以……"开始，继续下去。当你陷入困境时，想想谁可以帮助你——任课老师、班主任、父母、家人、朋友，等等。完成你可以做的任务清单后，选择你最乐意去做的三个，再从中挑选出最优选项

4. 实践行动方案

关键问题："我做得如何，我学到了什么？"

你将在这个阶段停留一个星期，不断尝试你选择的调整方案。在执行的过程中，感受它的效果如何并坚持下去，思考它对你学习的影响。最后，完成这一阶段后开展评估，舍弃不合适的方案，或是修改它使其更适合你

1. 探索问题

关键问题："目前发生了什么？"

3. 决定行动方案

关键问题："我能做些什么？"

2. 分析问题

关键问题："为什么会发生这种情况？"

4. 实践行动方案

关键问题："我做得如何，我学到了什么？"

内部辩解	外部辩解
我真的没集中注意力	这节课真的很无聊
我没有按照计划读完应读的资料	这些课题实在太难了
我起得不够早	通勤实在太累了，路上太堵了
因为我理解得不够充分导致我无法正确表述我的问题	课程进展太快了，我跟不上

研究问题发生的原因，找出问题的根源所在。接着我们为问题提供一些解决方法。

看一下这3个技巧，看看它们是否能帮助你生成一些可能的解决方案。每个标题下面都有空间，供你随意写下一些初步想法。

1 **分解问题**：一个大问题可能难以解决，但每个大问题一般都由若干个小问题组成。通过这种方法，你可以将一个大问题首先分解出一个或两个较小的问题，再尝试解决它们。

2 **OODA：** 这是美国空军上校约翰·博伊德（John Boyd）设计的，指的是观察（Observe）、定位（Orient）、决策（Decide）和行动（Act）。这是一个简单的四步问题解决方法，它强调先仔细研究问题，再选择一个解决方案。

3 **反向证明法：** 你可以尝试证明问题是无法解决的，收集尽可能多的证据来证明这个问题是没有出路的。只要你无法证明它无法解决，记录下原因并思考——解决方案很可能就隐藏在其中。

不知道你是否曾听说过"创造力的3B法则"，这个想法由奥地利–英国哲学家路德维希·维特根斯坦提出（根据Schank等人的研究，2010）。富有创造性的问题解决方式常常在我们的意料之外灵光一现。所谓的三个B分别是床（Bed，即当我们睡觉时，有时会在潜意识中解决问题）、浴缸（Bath，当我们放松或放空头脑时）和公交车（Bus，当我们旅行、通勤或去锻炼时）。如果你陷入了困境，可以试试这3种方法！

不要觉得你只习惯于上述的某一种方法，结合起来使用可能会更适合你，无论使用哪种方式，获得富有创意性的问题解决方案是非常棒的。

22 态度练习：管理反馈后的情绪与反应

人们对成绩反馈的回应可能是大相径庭的，有些人渴望获得反馈，想知道如何可以做得更好；另一些人则像躲避瘟疫一样尽量避开反馈，而且认为反馈是针对自己的个人攻击。但是，如果你想在某方面有所进步，就必须逐渐适应反馈。史蒂夫·布尔（Steve Bull）在他的杰作《比赛计划》（*The Game Plan*）中提出了一个缩写词——"SADRAA"，以帮助你管理对反馈的反应。他建议，当你得到一些不太满意的成绩反馈时，你会经历3个阶段：红区、蓝区和绿区。

下一页的表格解释了这些区域。成绩较差的学生可能会陷入红区，他们中有的人可能永远不会离开红区。也许你就认识这样的人！当然，最初拥有这些初始情感是很正常的，但你必须马上推进到接下来的两个阶段。

红区	震惊 （Shock）	哇——我没想到会是这样！我真的很惊讶老师给这样的评语
情绪	愤怒（Anger）	他怎么能那么说！这个老师从来都不喜欢我，走着瞧吧
	否认 （Denial）	我根本不是那样的，他的评价完全不对
蓝区	逐渐理性 (Rationalisation)	好吧，从他们的角度看，确实是这样的，但他们那么想是因为根本不知道我承受了多大的压力
思考		不管怎样，我就是我。为什么我要改变？就算我想改变，我也不知道该怎么做
绿区	接受现实 （Acceptance）	行动，也许我确实需要改变一些事情。也许我可以尝试一些不同的方法，看看它们是否可以改善现状？
行动	采取措施 （Action）	好吧，我需要做点什么？

　　下次当你收到一些不太满意的反馈时，请使用第126页上的表格，记录你自己的想法，或检查你面对批评的情绪反应，评估你当时处于哪个区域，然后展望下一个区域，看看你可以尝试的思维方式，以便更快地推动自己度过这个过程。如果可以避免长时间陷入红色或蓝色区域，你的情绪会更加稳定！

　　到达绿区可能会有些困难，你可以不用着急进入绿区，留出一天或更长的时间静静思考，再去考虑绿区里的内容。

区域	你的想法
红区 情绪	
蓝区 思考	
绿区 行动	

　　要充分理解布尔提出的模型，一个方法是观察其他人是如何对待反馈的。观察体育比赛后运动员是如何应对反馈的，留意你的父母或老师如何描述他们收到的反馈的；最重要的是，留意你的朋友如何谈论收到的反馈。如果你周围的人都不能很好地接受反馈，学会如何应对反馈就会更加困难一些。

　　作家和艺术家奥斯汀·克利昂（Austin Kleon）提醒我们一定要

交心态积极的朋友。他把情绪消极的朋友称为"吸血鬼"。克利昂建议："如果和某个人待在一起后,你感到疲惫不堪,日渐枯萎,这个人就是吸血鬼;如果和某个人待在一起一段时间后,你仍然感到活力满满,那这个人就不是吸血鬼。"(2014)

思考与你相处时间最多的五个人,再向自己提出五个问题:

1 他们是积极的人吗?

2 他们享受生活吗?

3 他们对你产生过积极的影响吗?

4 他们帮助你解决过任何问题吗?

5 他们让你对自己和生活感到快乐吗?

如果你对任何问题的回答都是否定的,你可能需要考虑重新分配你的社交时间!

第 6 章

应对低谷期

问问自己：
似乎一切都出了问题，我该如何走出困境？
是只有我一个人遇到这个问题吗？
我为什么还要费这个劲呢？
有没有一些方法或策略能帮我度过低谷期？

在这个阶段，VESPA模型的关键要素：
愿景、努力和态度。

痛苦 + 反思 = 进步

（Dalio，2017）

还记得当你收到录取通知书的那一刻有多兴奋吗？起码有一段时间你是兴高采烈的。我们见过成千上万的学生在成绩发布日疯狂地庆祝，只因他们成功进入了多年来一直梦寐以求的大学，这种状态可能会持续好几个星期。

然而，五个月过去了，你可能会想自己当初为什么要上大学。你开始讨厌它！别担心，你只是遇到了"低谷期"，据我们了解，几乎每个学生都会经历这个时期。

许多作家和思想家都分析了低谷期及其原因，形成了5种不同的观点。

低谷期

企业家塞思·戈丁（Seth Godin）是这样描述的："当你刚开始做某事时，会感到兴奋。在接下来的几天和几周里，你会经历快速学习的阶段。"然后低谷期来了。"低谷期"，戈丁解释道："是从开始到掌握之间的漫长的挣扎过程。"（2007）如果没有低谷期，每个人都会成为出色的音乐家、世界级的滑雪者或冲浪大师。根据戈丁的说法，普通人之所以不行，是因为大多数人都在低谷期放弃了。

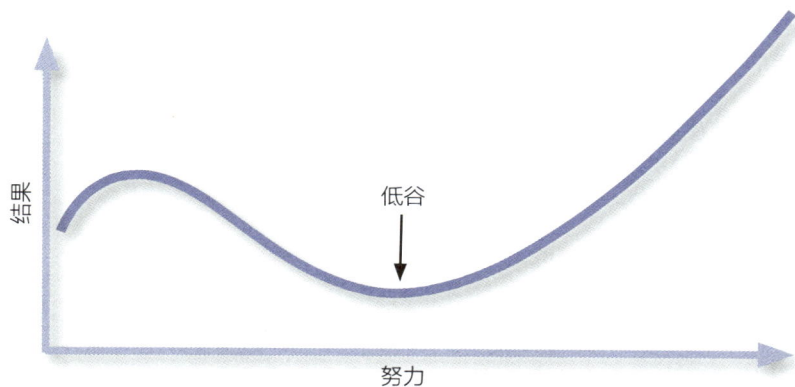

项目停滞期

作家兼投资者斯科特·贝尔斯基（Scott Belsky）的"项目停滞期"概念与低谷期差不多。他表示："项目停滞期遍布着那些未曾实践过的想法的遗骸。我们通常是这么做的：通过一个新的创意摆脱这种停滞。"根据贝尔斯基的说法，当我们达到一个平稳停滞阶段时，人们往往倾向于放弃这个项目，转而投入新的项目，以便追寻刚开始时的激动心情。"而这就是为什么，"他解释道，"世界上未完成的小说比成品小说更多"（Popova，2011）。

变化曲线

变化曲线是心理学家伊丽莎白·库布勒·罗斯（Elisabeth

Kübler-Ross）在20世纪60年代提出的，用于解释人们在哀伤过程中经历的各个阶段。现如今，这个曲线被用来帮助人们理解自己对生活中重大变故的反应。

库布勒·罗斯讨论了某些人容易陷入"情绪迷雾"，减缓了心理康复速度。同样地，作为学习者，我们可能会觉得自己很难适应新的情境，因此陷入了低谷。

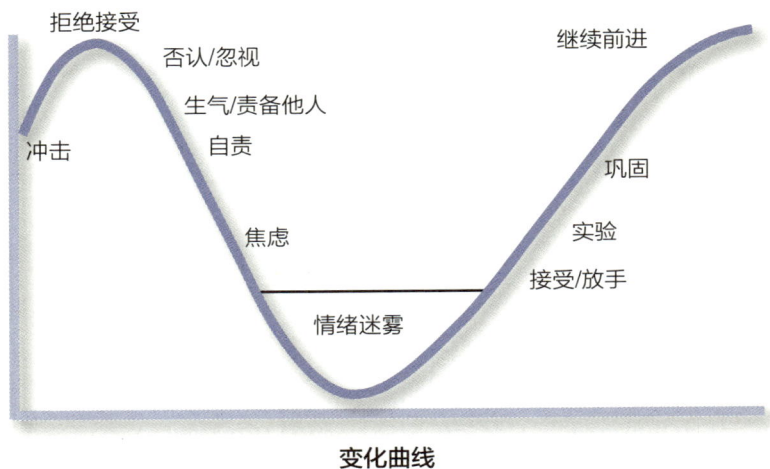

拒绝接受
否认/忽视
生气/责备他人
自责
冲击
焦虑
情绪迷雾

继续前进
巩固
实验
接受/放手

变化曲线

撞墙期

"撞墙期"是一个用于耐力运动的术语，通常用于马拉松跑步，描述的是运动员通常会经历突然的疲劳和绝望的感觉，这种情况通常在约20英里（约32千米）时发生。艾琳·伍德沃德（Aylin Woodward）在2018年的《新科学家》（*New Scientist*）中这样描述："那些经历过这种情况的人将这种感觉描述为在比赛后半段突然发生的虚弱以及能量丧失。"她继续说："速度很快的运动员会突然变得步履蹒跚……运动员迅速地从希望突破自己的最好成绩变为只想尽快结束比赛。"

悲伤谷底

保罗·格拉汉姆（Paul Graham）提到了一个绝大多数人在任何项目中都会经历的某种过程，不论是开始一个课程还是创立一种新业务。需要记住的是，任何项目通常都有两个容易的阶段——开始和结束！大多数学生在初次上大学时都会开心，这是一个新的环境，有新同学，还有新知识要学习。

但是过了一段时间，新鲜感就消失了，这有点像你购买新手机时的兴奋感。两个月后，你可能已经在关注新发布的手机了。随着课程的全面开始，学习往往会变得艰苦，考试或课程作业的截止日期开始逐渐向你逼近。

接下来的阶段就是格拉汉姆称为"悲伤谷底"的阶段。

这个低谷可能会是一个寒冷、严酷的地方。消极的想法主导了你的思维，你就像在无尽黑暗的隧道内，尽头没有任何光明。

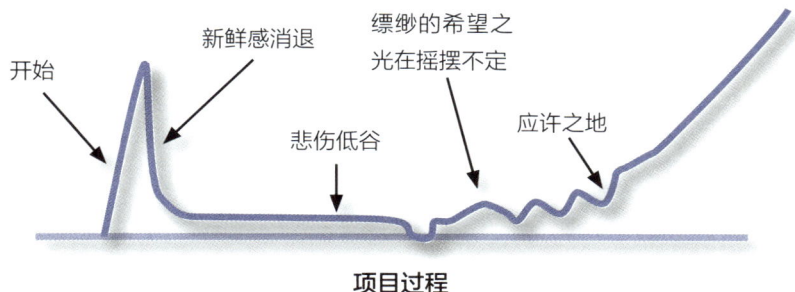

开始　新鲜感消退　缥缈的希望之光在摇摆不定　悲伤低谷　应许之地

项目过程

不要忽视低谷期！不要骗自己觉得这不会发生在你身上，你应该接受低谷期到来的必然性，同时提醒自己，低谷期是你将会遭遇五大心理障碍的地方。它们会从你内心产生，表现为消极的自我对话。不要担心，总有一条前进的道路；你只需要一个计划和一些简单的技巧来帮助自己走出困境。

本章的前两个练习将帮助你客观地面对低谷期并审视究竟发生了什么。阅读它们，再选择其中一个尝试一下……

23 愿景练习：
达利欧的五步流程方法

瑞·达利欧（Ray Dalio）是美国亿万富翁投资人。截至2018年1月，他是世界上最富有的100人之一。现在，他专注于帮助其他人发挥自己最大的潜能。在其书《原则》（Principles）中，他提出了五步流程方法，可以帮助人们走出低谷。

第一步：明确并追逐你的目标

当你深陷低谷时，你需要经常提醒自己不忘初心，我们在第一章已经讨论过这个问题了。回想曾经，你真的特别期待能身处目前这样的环境或情景中，尽管此刻你可能不再有那样的感觉，但当初你是真的满怀期待地开始这门课程的。

时刻提醒自己努力的初衷。

我开始上这门课程是因为：

第二步：明确阻碍你前进的问题

你已经重温了自己的初衷，现在你需要弄清楚阻碍你前进的障碍究竟是什么。在吉姆·柯林斯（Jim Collins）的书《从优秀到卓越》（*Good to Great*）中，他描述了直面残酷现实的重要性：你不能像鸵鸟一样把头埋在沙子里——你需要面对它。

为了帮助你做到这一点，我们来尝试做一个叫作"可控范围"的练习，不停地写，尽可能地想到更多的困难并写下来。有些可能是来自内部的，而有些可能是来自外部的，统统列出来。

接下来把它们放在放大版可控范围示意图上。拿起每个便签，问问自己，我对此有多少控制权？是没有控制权（你对它无能为力——例如，外部因素，如健康问题或家庭问题）？还是你能在某种程度上影响它（它可能看起来超出了你的控制，但你可以采取一些措施来改善它）？最后，你实际上能否掌控它（例如，你可能没有努力学习，但你知道这其实不是理由）？

使用下面的图表来确定你的问题有哪些处在你的"可控范围"内——这是调整斯蒂芬·柯维（1989年）提出的方法后的版本。确定哪些是你可以迅速采取行动解决的问题，再考虑哪些位于你的"影响范围"。在这里，你将能够在一定程度上采取措施以减轻问题对你的影响，尽管你可能需要寻求他人的一些帮助。最后，将剩下的问题放在"失控范围"，就像婚礼当天的天气。我们无法控制的事情，不论这些问题是什么，我们都必须放手，停止为它们花费自己的时间和精力。

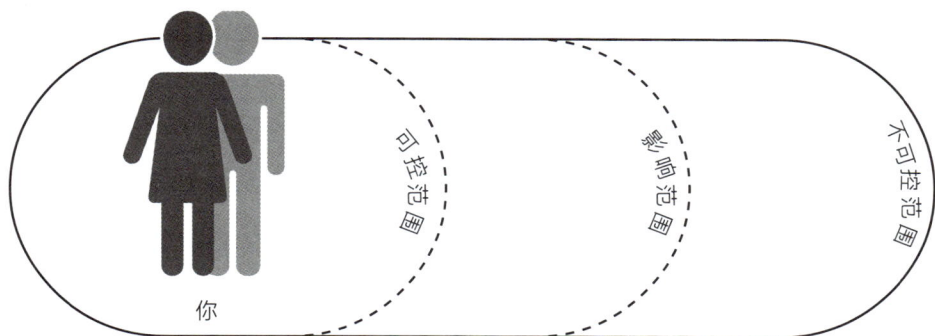

当你决定如何安置自己的便签后，如果条件允许，与他人分享你的看法是很有益的。有时，我们可能觉得某些事情超出了我们的控制，但实际上并不是这样。听听别人的观点可以帮助我们更清晰地看待问题。**对那些无法控制的事情，我们必须学会放手，而我们真正需要深入探究的是那些可以有所作为或完全掌控的事情。**

第三步：深入诊断，找出问题的根本原因

现在你需要深入研究问题的本质，"五个为什么"是丰田公司的创始人丰田佐吉（Sakichi Toyoda）为了优化公司的生产系统而提出的一种方法论。

从"可控范围"中选取一个已经做好的便签，然后对其连续提问五次"为什么"。这听起来容易，实际操作起来却有些困难，举一个例子供你参考。

我不去上课或参加研讨会。

为什么?

因为我一直起不来床。

为什么?

因为我没有动力去上课。

为什么?

因为我不喜欢它。

为什么?

因为我不确定这门课程是否仍然适合我。

为什么?

因为它太理论化，不允许我做自己真正想做的事。

为什么?

到第五个"为什么"，你通常已经找到了问题的根本——一个你可以处理并采取实际行动来解决的问题。例如，与导师沟通，调整课程，或在第二年换一门稍微不同的课程，或者加入一个更具实践性的班级等。

不是一定要问五次为什么。你可能会在问到第五个问题之前停下来。注意整个询问过程是怎么结束的。为什么不能再继续问下去了？因为最后的"问题"（因为课程过于理论化）已经超出了学生的控制范围，这是一个外部因素。如果我们再次问为什么，得到的只能是"因为这门课程就是这么设计的"。我们不用再继续分析不可控的因素了，所以是时候停止了。

这里有一个更简短的例子：

我感到没有动力，对这门课失去了兴趣。

为什么？

我的作业或成绩不好。

为什么？

嗯……我已经付出了很多努力。（思考……）老师反馈说我还需要在我的学习过程中更加注重细节。

为什么？

显然，老师认为这是一个我需要提高的弱项。

在经过三次"为什么"的提问后，我们已经得到了答案，最终指向老师的反馈，这是一个外部因素。如果再进一步提问"为什么"，只能得到这样的答案："我不清楚，但她就是这样认为的。"同时，我们也找到了一个潜在的解决办法，就是通过参考其他人的作品来明确获得这位老师好的评价应该是什么样的。

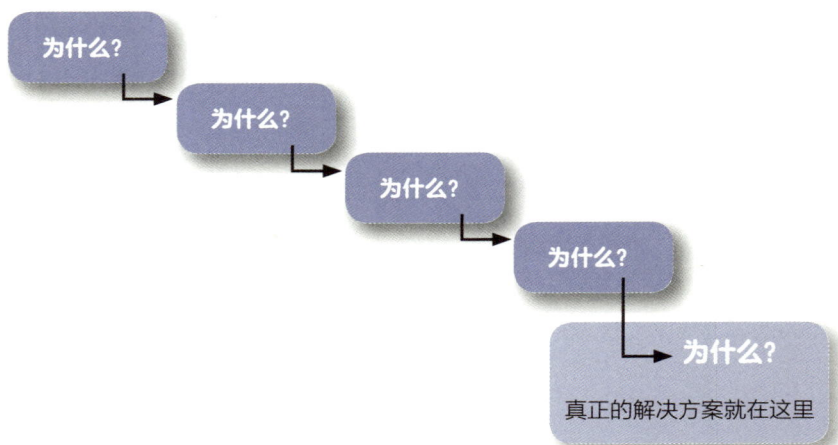

为什么?

为什么?

为什么?

为什么?

为什么?

真正的解决方案就在这里

还有一件事：如果你问为什么，同时浮现出2~3个可能的答案，该怎么办？把它们都记录下来，然后逐一提问。有些可能是死胡同，而有些会随着提问的深入而最终汇聚到相同的问题上。

记住：当问题变成超出你控制范围的外部因素时就停下来，通常你在这里需要开始考虑解决方案。

说到解决方案……

第四步：制订一个解决问题的计划

接下来，你需要一个计划，决定你要在哪里集中精力通常是任何计划中最重要的部分。为了帮助你做到这一点，你需要艾森豪威尔矩阵。

这个模型据说是由美国前总统德怀特·艾森豪威尔（Dwight Eisenhower）开发的——他被认为是时间管理的大师，总是能在截止日期之前完成所有的任务。艾森豪威尔会把所有的任务都按规则放在矩阵中，再优先处理那些紧急且重要的任务。只有等这部分所有任务都完成后，他才会转向剩下的工作。

	紧急	不紧急
重要		
不重要		

　　在矩阵中列出你必须做的所有事情，包括来自第三步的所有想法。你可能有二三十件事要做，从完成工作到发送电子邮件，安排会议或为考试复习。你要决定每项任务应该放在矩阵的哪个部分。

　　你现在知道了自己需要集中精力的方向，你只需要执行自己的计划就好了。

第五步：执行你的计划

　　现在是采取行动的时候了！这需要一些决心——有些任务你

可能会不情愿去面对。如果你有些许的犹豫，就好好考虑一下不采取任何行动将会付出的代价。选择不采取行动也会带来连锁反应，如果就这样任其发展，会发生什么呢？深入思考一下，你会发现，尽管采取行动可能让你感到不适，却比袖手旁观要好得多。

24 努力练习：
提高执行力的四原则

当学生陷入"低谷期"时，他们总是认为自己之所以陷入这种境地，是因为没有付出足够的努力。当你打算开始投身学习时，你往往会被其他事情吸引而心猿意马，而非专注于自己的学业。例如，你可能会发现整理厨房都比坐下来学习更有吸引力。

那么，应该如何摆脱这只"心猿"呢？克里斯·麦切斯尼

（Chris McChesney）、肖恩·科维（Sean Covey）和吉姆·休林（Jim Huling）提供了一个简单的四步计划法，帮助你开始行动，我们通常称其为执行四原则。

原则1：限制你的注意力范围

在《高效能人士的执行4原则》（*The 4 Disciplines of Execution*）一书中，作者认为我们关注的事情越多，实际上能完成的事情就越少。因此，你需要限制你的注意力，将注意力集中才能完成更多任务。尽管这听起来可能与我们的直观感受不符，但为了避免被各种诱惑和干扰分散注意力，你需要清晰地知道自己想要实现什么目标，考虑以下两个例子：

不够具体：
"我有很多事情要做，需要复习的内容很多，补全笔记，把重要的学习的资料看完。"
结果：摆烂

非常具体：
"我只需要每天阅读五十分钟，每天写800字，为期一周以赶上进度。"
结果：行动

通过细化你的目标，你的专注力将会提高。突然之间，之前似乎不可能完成的任务变得容易多了。

原则2：基于前瞻性指引行动

这张图解释了前瞻性指引和滞后性指引的概念：

滞后性指引	前瞻性指引
我们在写论文或考试中获得的成绩，总结了我们过去的表现	我们每天或每周都要完成的任务，决定了我们未来的成果和表现

我们认为这是走出低谷的一个重要方式。当人们试图实现某些目标时，大多数人都会关注滞后性指引。滞后性指引告诉你过去的表现如何，例如，你上学期在一份作业上取得的成绩，它只是总结了你花两周时间完成的作业质量。

而前瞻性指引为你提供了一个关于你当前行为产生后果的预测，它告诉你，你是否会达到你的目标。例如，如果你正在写一篇5000字的论文，目前你每天只写50个字，前瞻性指引告诉我们你不太可能完成任务，但这可能会促使你决定每天写500字，这样你就能按时完成任务了。

你能为自己设置哪些前瞻性指引呢？你可以想想每天复习多少小时、阅读的章节数量、阅读多少篇参考文献中提到的论文、摘要中的研究课题或每天完成的论文字数。确定适合自己的前瞻性指引，它会帮助你一步步走出困境。

原则3：保持清晰的进度展示

管理学中有句名言："能被衡量的事物，才能被有效管理。"时刻关注你的进度，并使用某种媒介展示出来，可以帮助你增强信心与动力。你可以使用一些简单的方法，比如日历。每当你完成500字的写作、两小时的复习、阅读等任务，你就把它在日期上划掉。你会发现，一旦你连续坚持3~5天，你就不想打破这个习惯了。

星期日	星期一	星期二	星期三	星期四	星期五	星期六
		1	2	3	4	5
6	7	8	9	10	11	12
13	14	15	16	17	18	19
20	21	22	23	24	25	26
27	28	29	30	31		

原则4：建立责任机制

大多数人在受到监督或有可能被追责时会更加坚定持续地执行任务。你需要选择一个人或一件事作为激励者且对你追责。你可能首先会想到找父母、老师或朋友来督促你，可并不是所有人都适合或能够依赖这些人来监督和追责的。

蒂姆·费里斯（Tim Ferriss）——《每周工作4小时》（*The 4-Hour Work Week*）和《巨人的方法》（*Tribe of Mentors*）的作

者，有一个非常特别的责任机制。在此之前，他多年都在与拖延症做斗争。这个方法相当极端——有时你会想，如果这是解决方案，那问题是有多严重呢？让我们看看他是怎么说的。

1 **步骤1：** 他给一个朋友一笔钱——失去这笔钱并不会使他破产，却足以让他感到痛苦。

2 **步骤2：** 他向朋友承诺，他将在规定的时间内完成某项任务。费里斯在写书时使用了这种策略，他承诺每天都会写定量的字。

3 **步骤3：** 如果他没有达到目标，他的朋友就可以追究他的责任。如果他没有做到自己承诺要做的事情，所有的钱都会捐给一个特定的机构。你可能觉得这个结果自己也能接受，但费里斯会确保那个机构从事的领域是他非常反感、完全违背他价值观的事业！

25 态度练习：
改变思维模式，战胜
拖延症

尼尔·菲奥尔（Neil Fiore）博士写过一本关于拖延症的重要著作——《现在的习惯》（*The Now Habit*）。这一部分是对他的研究做的探讨和改编，如果你对内容有兴趣，非常建议你去阅读原著。这本书简洁明了，实用性强，会对你起到非常大的帮助。

菲奥尔认为，我们之所以拖延，是因为我们与学习、工作之间的地位关系。想象一个跷跷板，一头是你，另一头是你的任务。在

下图所示的情况中，任务的地位升高，变得比你自己还重要。

我们是如何造成这种局面的呢？它的工作原理就像任何跷跷板一样——如果我们把自己放低，任务就会在我们之上，它在我们的头脑中变成了一个支配我们的怪物。菲奥尔描述到，当你这样做时，你会把一个普通的任务、一个你有能力完成得很好的任务，变成了"对你价值的考验，证明你是否合格，或者测试你会是成功且快乐还是失败且痛苦"的考验（2007）。

我们对这种威胁的回应是拖延。我们会尽量避免这项任务，直到最后关头才勉强与之斗争，之后就开始害怕类似的任务。菲奥尔认为，是我们自己贬低了自己，抬高了任务的地位和重要性。我们把普通的任务变成了对自我价值的考验。

该怎么做呢？通过我们的自我对话——发现自己的缺点来实现。在1998年出版的《如何顽强地拒绝让自己对任何事都感到痛苦（是的，任何事情！）》[*How to Stubbornly Refuse to Make Yourself Miserable About Anything（Yes，Anything！）*]中，美国心理学家阿尔伯特·埃利斯（Albert Ellis）研究了人们在压力之下经历的非理性和消极的思维方式，他称为"扭曲思维"。

他的研究可以直接应用于处于压力情境中的学生。他确定了六种特定的扭曲思维，其中三种与贬低自己的地位和把任务视为对自我价值的考验有关：

1 **灾难性思维**："如果出了问题，那就是一场彻头彻尾的噩梦。"

2 **停滞性思维**："我一无是处，我做不了这个。我大概会搞砸。开始行动还有什么意义？"

3 **非逻辑性思维**："如果发生了这样的坏事，那么另一件坏事一定会接踵而至……"

这可能是你的情况，或者并不是，事情还有第二种可能的发展方式：

在这种情况下，学生将自己置于任务之上。一点自信心是好事，但在这种极端的情况下，结果会与之前一样：拖延。学生认为这个任务毫无意义，是浪费时间的事情，是对他一周学习生活不必要的额外负担。菲奥尔提道："你开始拖延，是因为需要主张你的独立性，并抵制……完成一个简单任务。"（2007）

埃利斯描述了在这种情况下典型的三种扭曲思维：

1 **不公平思维**："我不应该做这个，整个事情毫无意义，上其他课的人不用做这个。"

2 **责备思维**："是老师的错，这个作业设计得太糟糕了。这是课程负责人的错，我没有错，都是别人的错。"

3 **过度概括思维**："这种事总是发生在我身上，我总是做无用的事情。整个课程设置都是混乱的，我不打算参与了。"
究竟什么才是正确的做法？

要真实地看待学习或工作的本质，正视它，与它平起平坐。我们听到学生在这些情况下经常重复的一句话是："完成它，提交，然后继续前进。"

有一个很好的比喻可以形容这种平衡——拥有像"水一般的心态"。这是大卫·艾伦在其生产力书籍《如何有条不紊地完成任务》（*Getting Things Done*）中的说法："想象将一块鹅卵石扔进平静的池塘中，水是如何回应的？答案是，完全根据投入的力量和质量做出适当的反应……它不会反应过度，也不会反应不足。"他补充说："很多人对事物的关注要么过多要么过少，就是因为他们没有'水一般的心态'。"

菲奥尔建议你想象一下，你的任务是从一个木板的一端走到另一端。它有20英尺（约6米）长，0.5英尺（约15厘米）厚，2英尺（约60厘米）宽，横放在你面前的地板上。你有能力完成这个任务，你拥有完成它所需的一切能力，你可以轻松地跨过这块木板。但有些人却抬高了木板，把它放在100英尺（约30米）高的高空，跨越两栋建筑，然后在下面的小巷里注满了鲨鱼。当然，这一切都发生在他们的脑海中，而且想象得很真实。结果，他们无法越过木板，把任务的地位提高到生死攸关的程度，恐惧且不断徘徊。

最后，让我们听听美国社会学家杰克·梅齐罗（Jack Mezirow）是怎么说的。他认为，当我们改变我们的"参照框架"——个人的观点或视角时，学习就会自发产生。我们可以通过"扩充现有的参照框架，学习新的参照框架，改变自己的观点与事业，或改变思维习惯"（Merirow，2000）来改变自己的思考方式。他认为，这需要批判性思维能力，这项任务将帮助你做到这一点。

只有一个人可以掌控你的思想——你自己，所以你必须坚定不移，不接受任何胡言乱语。

*灾难性思维可以变成："我有能力做好，我做好了准备。我得到的反馈会帮助我提升。"

*停滞性思维可以变成："我在学习，我每次面对挑战时都会变得更好。这一定有我能从中学到的东西。错误也是一种信息。"

*非逻辑性思维可以变成："这与那之间没有直接的联系。过去不等于未来。明天又是新的一天。"

*不公平思维可以变成："这是一个简单明了的任务。我能够处理好。做这件事肯定是对我有益的，只是我现在还没看到而已。"

*责备思维可以变成："事情已经发生了，无论是谁的错都无关紧要，重要的是从中吸取教训并继续前进。"

*过度概括思维可以变成："我目前遇到了一些问题，每个人都会遇到低谷期，我也不例外。但我知道我足够坚强，且有能力去应对。"

通过正确的自我对话，你的拖延倾向将大大减少。

思考、计划、想法：

26 态度练习：力场分析法

有时，我们倾向于毫不犹豫地相信自己的观点，而不去对其开展评测。不妨试试这个练习，可以帮助你客观地面对低谷。力场分析法是一种列出、讨论和评估你面临挑战时的各种推动力和阻碍力量的方法。通过分析所有影响你的力量，权衡利弊，帮助你看到整体局势情况。在确定了这些因素后，你可以因地制宜地制订策略，减少对抗性因素的影响，增强支持性力量。因此，如果你发现自己难以对学习的某一方面产生动力，这个方法或许很适合你。

帮助你实现挑战的力量被称为驱动力，这是你为什么应该努力通过挑战的初心。列出你能想到的每一个好处：完成后你会获得的奖励、为你感到高兴的人们、体验到的积极情感等，请制订一个巨大的驱动力列表。阻碍挑战的力量被称为制约力，阻止你取得进展的障碍和困难。

针对你当前面临的特定挑战，使用下表来绘制影响你的因素。按强度进行排名，将驱动力列在左侧，将制约力列在右侧。重点是确保驱动力比制约力数量更多且更具说服力！

挑战

驱动力 →	现状	← 制约力

你会发现，我们为你记录制约力提供的行数要少一些。这是因为从心理学上讲，你需要有一个更长的正向驱动力列表，这份更详细的列表将帮助你以更自信的态度迎接挑战。你是否可以采取某种措施去除清单上的一个制约力？或者你是否可以添加一个额外的驱动力？

现在就采取行动吧！

27 努力活动：25 分钟冲刺法

意大利企业家兼作家弗朗西斯科·西里洛（Francesco Cirillo）有一本非常有名的书，名为《番茄工作法》（*Pomodoro Technique*）。Pomodoro是意大利语中的"番茄"。（这里的番茄是指新奇的厨房计时器，不是真的番茄！）

在他的书中，奇里洛认为，即使面对那些不太有动力去做的长时间任务，通过短时间集中地工作，我们也可以激发出大量的活力和投入。想想所有你需要完成却又不愿意开始的任务——可能有要完成的作业、需要整理的笔记，或者开始写的一篇论文。

选择一个挥之不去的、你不想做的任务，在这里记下它：

....

....

....

第一步

现在来到"番茄"部分，我们的意思是找到一个厨房计时器或者手机上的计时器。可以试试用手机上的App，在设定的学习期间锁定你的手机。当你完成时——即完全专注工作的时间，就会赢得积分，这些积分可以兑换奖励。很多人都开始参与这种计划，这是一种对自己建立专注和奖励模式的有力方式。接下来，找一个安静的地方，准备开始学习需要的东西。你要进行一个长约25分钟的高强度工作，告诉自己：只需要25分钟——就这么多。在这25分钟内，不允许有任何干扰。

现在启动计时器，开始吧！

第二步

恭喜你！你已经开始了那项令人头疼的任务。突然之间，这项工作似乎不再那么可怕了，你会更容易再次投入其中。

提供一些与番茄工作法相关的建议：

1 **快速冲刺**：尝试进行25分钟的专注工作，休息25分钟，再进行25分钟工作，总共需要1小时15分钟，你可以在每天固定的时间里进行。

2 **认真冲刺**：尝试进行25分钟的专注工作，休息5分钟，再进行25分钟工作，休息5分钟，最后进行25分钟工作，总共需要大约1小时30分钟，这种方式对攻克难题非常有用。

3 **尝试通过冲刺来衡量任务**：思考需要多少个冲刺才能完成一项任务，这样你会对自己的工作节奏有个了解，而且可以更快、更轻松地完成大量的任务。

4 **尝试使用冲刺来复习**：你会突然发现自己的进度遥遥领先，也会感到掌握了主动权，这是一种很棒的感觉！

快速冲刺的方法（短时间集中工作）

准备阶段	工作25分钟	休息25分钟	再工作25分钟
· 找一个安静的地方 · 准备好需要的所有东西 · 将手机调为飞行模式 · 打开计时器，设置倒计时和闹钟 · 告诉自己："只有25分钟，就这么多时间。"	· 开始 · 想象这是一场考试 · 保持专注，继续前进	· 设置计时器和倒计时 · 享受你的休息时间	· 告诉自己："只需再进行25分钟的工作，就这么多时间。" · 将手机设置为飞行模式 · 重新开始任务

请记住，每天进行一组快速冲刺，一周总共可以收获近6小时的学习时间。

每天进行一次认真冲刺，一周总共可以收获近9小时的学习时间。

　　你可以尝试分解大型任务，计划每周用15或20小时来完成这些任务。

28 努力练习：
戒除坏习惯的 5P 法

在某些时候，你会意识到自己需要立刻停止一些事情。你可能会经常逃课，在某个地方待得太久，看太多电视或者饮食不当。你知道这个习惯是有害的，但你也很难做到立刻停止它。

这5个"P"可以有效帮助你预知"当你最终做出改变时"可以期望什么，并如何为其做好准备。

1 准备（Prepare）

预设一个你打算戒掉某个习惯的时间点，可以是一周或两周之内，但不要太远，必须让自己感觉这是很快就要发生的事。选择一个你能够最大程度掌控大部分因素的时候：何时、何地、何事和何人。换句话说，选择一个你已经建立了稳定的日常习惯的时段，一个可以做出明智决策的时间。在日历上做一个标记，反复提醒自己：我那时会戒掉它。列出你要禁止的行为，写下来。

----

2 公开（Publicise）

通过公开你的决定来提高自己的承诺度。这可以是通过一种直接的方式，例如，在社交媒体上告诉你的关注者。更有效的方法可能是告诉你的家人、朋友，告诉他们你计划要做的事情，再确定一个开始的时间。**公开宣布意味着你为自己的行动承担责任**。

3 提前做决策（Pre-Make Decisions）

生活中充满了决策，在经过一系列的决策后，我们都会经历"决策疲劳"——即决策的质量下降。通常，当一天快要结束时，生活中的琐碎决策消耗了大量的精力，导致我们的行为决策成为未经计划的负反馈。因此，我们可能会崩溃，重新陷入我们试图打破的习惯中。

这个练习可以让你预见一些未来的决策，并提前做好准备。利用你现在拥有的精力和能量，规划好对未来事件的回应，并在现在做出可以代表未来的最佳决策。首先考虑以下问题：

＊ 你想成为什么样的学生/人？

* 你想拥有哪些品质？

* 什么对你很重要？

* 你想让别人怎么评价你？

* 你希望坚定、自信的决策基于哪些理念？

在纸上草草地记下一些笔记，以便在你置身于一些困难情境时可以想起它们。其中，有些情境可能每个人或多或少都会遇到，我们会在随后的表格中列出。另外，可能有一些于你来说特定的情况，所以第163页为你提供了一个空白区域，供你添加自己的情境。

情境	提前做决策
你计划进行一些重要的研究，但你的网断了……	
你腾出了一些时间去完成一些关键工作，但你的一个朋友想和你聊天……	
你有重要的任务想完成，但电视/社交媒体/互联网有一些非常吸引人的内容……	
一个朋友邀请你和他一起逃课……	
你需要花几小时的时间来完成一项艰巨的任务，但外面的天气非常好……	

使用这个空白区域来记录其他的你预测将面临的问题，以及与之相应的决策：

你可能不能总是做出让自己感到骄傲的选择，但预先做出好的决策会增加实现的可能性！

4 替代品（Proxy）

这意味着你需要找一个替代的活动来取代你想停止的习惯。我有一个朋友，每次午餐都吃得很不健康，因为他的工作场所提供的食物热量太高。后来，他订阅了Graze（英国的线上健康零食品牌），每天吃四个健康小零食盒。有时候仅靠意志力是不够的，你需要某种物质支撑，比如戒烟的人通常会选择使用尼古丁贴片。

5 坚持（Persist）

事情并不总是一帆风顺的，想要回归旧习惯的欲望并不会随着时间而逐渐减少。戒除习惯总是伴随着起伏，第二天肯定比第一天更难。在开始养成新习惯的两周后，旧习惯依然会再次回头强烈地冲击你。但当你坚持到第三周，你已经取得了一定的成功，情况会变得好多了。然而要警惕，你的大脑可能会玩弄把戏——它会找一些理由让你适当放松或调整。

29 努力练习：养成新习惯的 3R 法

　　斯坦福大学设有一个行为设计实验室。在这里，学者们研究交互技术是如何改变人们的行为习惯的。该实验室的创始人和主任B. J. 福格（B. J. Fogg）博士正在研究手机、App等是如何促进习惯的养成的。

　　努力也是一种习惯，你在学习中付出的努力程度是习惯的结果。有些人已经养成了努力的习惯，而有些人没有。有观点认为，习惯形成有三个要素，通常称为三个"R"。

1 **提醒（The reminder）：** 这通常是一种感觉、一个地方或一天中的某个时间——它是你的身体或大脑给你的触发器，触发你的行为。这个行为可能是吃一些巧克力，早点回家，或把你明知道应该完成的工作搁置一旁。

2 **例行公事（The routine）：** 即行为本身。如去超市买巧克力，或者乘公交车回家而不是继续学习。通常人们在例行公事的过程中会感到一丝内疚，但还是会继续做。

3 **奖励（The reward）：** 这是你收获的快感——从参与行为中获得的好处。它持续时间可能不长，却非常诱人。

如果你目前还没有养成努力的习惯，应该怎么办呢？你可以利用三个"R"，使用一个新的提醒来触发新的习惯，一个新的例行公事以不断遵循，最重要的是，给自己一个全新的奖励。

提醒：

....

....

....

例行：

....

....

....

奖励：

....

....

....

　　记住，在计划一个新习惯时，永远不要使用与戒除旧习惯相关的消极语言；相反，要多使用积极语言。试试这样说："从周一开始，我要更努力地学习。"

　　允许自己犯错，同时为自己安排休息的机会。试试这样说："从周一到周四，我真的要全力以赴。到了周五我再看情况……"如果你犯了错误，先冷静地评估它，然后重新尝试。**一个错误并不会使你正在做的一切变得毫无意义，没有必要放弃一切**。

30 态度练习：急救包——睡眠、饮食与运动

即使是准备最充分的学生也可能会遭遇个人危机。大多数学校都为在心理健康方面有困难的学生提供咨询服务，但严重的心理健康问题始终应先咨询正规医院的医生。

下面的这些活动旨在帮助你快速回顾一些基本步骤，以保持你的身心处于最佳状态。可能你之前已经听说过这些建议了，而经常是这些简单的建议能在实际操作时带来最显著的效果。

深夜和睡眠

你用什么当闹钟？如今，答案几乎都是"我的手机"。如大多数人所知，深夜使用电子屏幕所产生的蓝绿光会抑制脑中的褪黑激素分泌，使我们"误以为"是白天。如果睡眠不能满足，注意力水平会下降，控制复杂情绪的能力会急剧减弱。

当你感到心情沉闷时，不妨尝试"数字断舍离"，或将所有

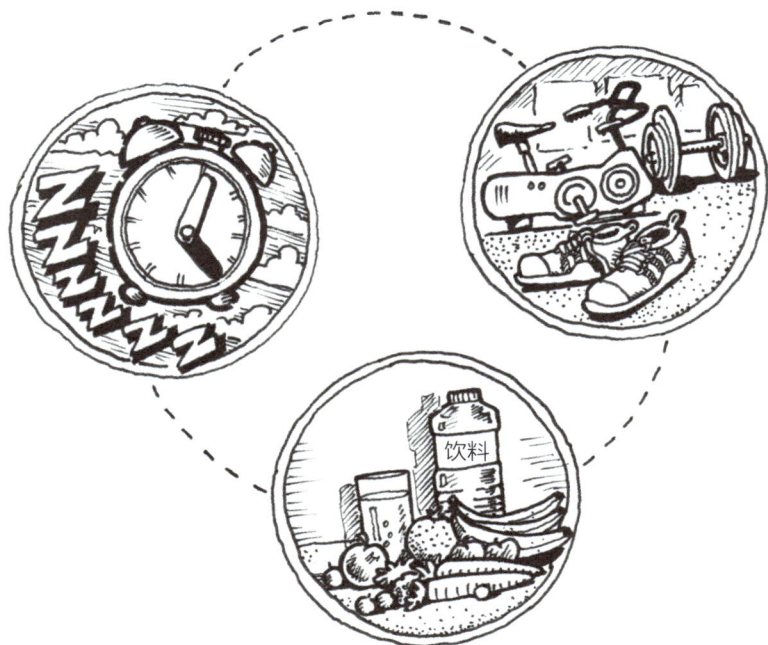

社交媒体的状态设置为"一个月后回来"。许多学生发现这对自己的心态产生了巨大的影响。如果你觉得完全远离社交媒体太难，至少在睡前一小时不要使用手机或笔记本电脑。坚持一周，看看感觉如何。

咖啡因、蛋白质和睡眠

就像睡前"数字断舍离"一样，重新考虑能量饮料和软饮料中的咖啡因含量。大多数学生都很了解糖的含量，但我们发现有相当数量的学生认为无糖饮料是零危害的，因而认为可以随时饮用。

有许多在线资源定期更新软饮料中的咖啡因含量，它们会经常更新每100毫升液体中的咖啡因毫克数（注意，美国的饮料中咖啡因含量更高）。大多数专家建议下午2点后避免摄入任何含咖啡因的饮料。

富含蛋白质的食物在睡前能提供能量，而碳水化合物则会促进困倦。我们发现，那些保持健康的健身达人经常食用低碳水化合物的食物，但这里有一个误区，那就是大量摄取富含蛋白质的晚餐会阻碍睡眠的质量。

像第171页的表格那样，一份简单的日记记录可以帮助你发现饮食和睡眠之间的关联及规律。

运动

对跑步者、游泳者和健身爱好者来说，这很容易。对其他人来说，你可以试试散步。有很多研究表明，每天散步仅20分钟就可以提高我们的健康程度。

我们过去曾尝试通过散步来帮助学生进行正念冥想或治疗，这是我们最喜欢的散步活动之一。

选择一个大约步行20分钟的目的地，走到那里。在走路的时候，只想着积极的事情。

主题可以是我擅长的事情或我感恩的事情，脑海中不能有其他想法。如果你发现自己的思绪开始漫游，轻轻地将它拉回来，继续专注于这两个主题。当你到达目的地时，或者在你走的过程中，可以把你的想法记录下来，或者在便签上快速地列出。

睡眠日记

日期			
上床时间	醒来时间	睡眠时长	醒来次数	睡眠质量
摄入的咖啡因及时间	摄入的酒精及时间	摄入的食物/饮料及时间	有什么感受?	摄入的药物

思绪漫游　　　　VS.　　　　正念思考

现在，回到你出发的地方。在回程的路上，你可以开始解决你面临的任何问题。关键点在于：我可以做些什么来解决我的问题？同样，关键是要对自己坚定。这是你唯一可以考虑的事情，如果你的思绪偏离了，就要立即把它拉回来。当你回到出发地时，再花几分钟记录下自己的想法和创意。

有些人每个月重复几次这个活动，以帮助自己重新聚焦。我们认识的一个人以山顶为目的地，刚刚爬到山顶很累，而下山的时候有助于他们放松，他们总是会在下山的过程中想出解决问题的方法。

还有一种叫作正念行走的方式值得尝试。我们研读了大量的相关建议，并将其提炼成我们的版本，建议学生在五六月期间每天进行简短的散步。选择一条大约需要20分钟的路线。你的目标是在散步时关注于你的呼吸质量以及扩展你的注意力，也就是在行走时积极观察周围的世界。

如果你发现你的注意力在游荡，不要担心。这是完全正常的。你要做的只是温和地、不带任何批判地将注意力转移回呼吸和观察周围的世界上；成为一个客观的观察者，而不是一个充满压力的内省纠结之人。

你会惊讶于你开始注意到的东西，即使你以前已经走过这条路线数百次。

总结

最后的十个思考

你可能已经体验过建立在"过去表现决定未来表现"这一观念基础上的教育体系。来自FFT Education Datalab的麦克·特雷达韦（Mike Treadaway）在其2015年的论文中这样描述："比较一个孩子7岁时和11岁时的成就水平，并假设他在这四年间将会线性地进步，然后在这两者之间画一条直线。"

特雷达韦对这种"过去决定未来"的模式提出了质疑，他对学习者是否遵循这种整齐的上升轨迹持保留意见。他发现一些人确实会这样，但非常非常少。特雷达韦指出："通过回顾数据，我们发现只有9％的学生能够按预期完成关键阶段二、关键阶段三和关键阶段四的路径。"然而事实上，大多数学校基于"过去表现决定未来表现"进行教育，但实际上只有不到十分之一的学生会按照这种模式发展。大多数学生在某一时刻的优异表现并不意味着在之后一直能表现出色。

这对所有试图学习新知识的人来说都是好消息。无论我们过去做过什么，都与现在能够取得的成就关系不大。相反，我们相信有五个非认知技能领域在决定我们能否成功方面起着关键作用，而这五个技能——拥有愿景、养成努力的习惯、建立有效系统、进行压力性的实践和拥有正确的态度——可以练习并学会。

关于愿景

1 拥有对成功的清晰认知是至关重要的——这是我们在成功的学生身上一次又一次地看到的。但是愿景不一定是工作或职业。通过关注目标和问题，使你的目标更具灵活性：我生来是为了做什么？我该如何让这个世界变得更美好？需要完成什么任务？什么使我感到活力四射、积极向上且有目的性？增加自我了解，即使只是对"是什么让我兴奋""我喜欢做什么"或"我着迷于什么"的感觉，增加自我认知也有助于构建愿景。

2 设立长期目标无疑是具有吸引力的，但我们也遇到过一些学生，他们同样能够设定并实现短期目标。如果你无法想象一年后的生活会是什么样子，试试每月或每两周设定一个目标（完美的项目提交会是什么样的？在接下来的三周内，我可以采取哪些行动来增加实现这一结果的可能性？），并为获得这些里程碑而奖励自己。

关于努力

3 努力是例行公事与良好习惯的产物，我们很幸运地看到了许多学生改变了自己的习惯。微小且持续的进步往往比难以坚持的巨大进步效果更好。成功的学生教会我们的一件事是，在建立新的习惯时，自我破坏是最大的敌人，五大心理障碍来自我们自己。学习不仅仅是掌握学科知识，更重要的是认识到我们潜在的弱点，做自己的主宰。

4 成功的学习者通常为自己建立了一套保证始终努力的前瞻性指示。如果你能为自己设计一套这样的学习习惯，你就可以根据它们来持续跟进自己的进步。

关于系统性

5 我们从非常有组织性的学习者那里学到了一种策略，即少量多次地学习，而不是一次性地大量学习。经常进行短时间的学习远胜过死记硬背。这意味着将任务分解成小块，这样可以减轻它们带来的压迫感，而且更容易自我评估进度。

6 我们终于明白了那些高效率的学生早就已经知道的事情——如果你将合适的任务分配到一天中的合适时间，你就可以更快地完成它。他们能在更短的时间内完成更多的事情，因为他们会将类似的任务放在一起处理，或为深度学习腾出时间，或去除对学习没有影响的任务。

关于实践

7 过去在课堂上，是你的老师为你调整学习的难度，帮助你和同学们从过于舒适或乏味的状态，进入更具挑战性的学习环境中。而当你独立学习时，增加学习的难度和挑战性就取决于你自己。我们发现，很多感到不满和学习效果不佳的学生为自己设置的学习方式过于舒适，没有挑战性，导致自己很容易感到无聊和分心。

8 有效的学习应该是富有挑战且可能让你感到不适的。学习应该是一场对知识的追求和挑战，这是一个需要你努力克服的过程。

关于态度

9 我们发现最终获得成功的学生更渴望成功，而不是害怕失败。对他们来说，错误是不可或缺且至关重要的，因为失败是学习过程中的一个重要环节。但是在学习的初期，我们并非总是这样思考；我们倾向于掩盖自己的不足，避免寻求帮助，而且容易放弃。但作为学生，我们需要从失败中吸取教训并获得反馈，这为我们接下来的学习提供了宝贵的信息。

10 所有的学习者都会经历挫折和不如意的学习经历，但有些学生掌握了一系列心理策略来应对这些困难。他们已经学会了在困境中寻找积极的一面，并为将要面对的难关做好准备。

成功学生所具有的思维方式是由多种因素紧密相连而形成的。但很多时候，我们的思维模式都是在无意识中，受到父母的教养、学校的教育或者同伴的影响而形成的。

巴里·齐默尔曼（Barry Zimmerman）于20世纪80年代初在纽约大学做的一项有趣的实验，很好地证明了这一点。齐默尔曼和林格尔（Ringle）（1981）给学生设计了一个不可能完成的任务（解开一捆缠在一起的电线），然后安排了一个成人来演示如何解决这个问题，之后再让学生们尝试。其中一组学生观看了一个悲观的成人示范，悲观的成人在尝试后表示："我觉得我不能把这些电线分开，我已经试了很多方法，但没有一种是有效的。"而另一组看到的是一个乐观的成人，乐观的成人在遇到困难时总说："我相信我能够解开这些电线，我只需要继续尝试不同的方法，终究会找到解决的办法。"

结果表明，第二组的学生虽然没有比其他学生更成功地完成这个任务，但他们表现出更好的自信心和积极态度，而且坚持了更长的时间，具备了更积极的心态。

我们的大部分思维模式都是通过阿尔伯特·班杜拉（Albert Bandura）所说的"间接体验"形成的，就像观看解开电线的例子，如果我们真的要发挥自身的潜力，首先必须认识到我们当前的心态和它的成因，然后一步一步去改变它。

希望这本小书能给你一些启发。

参考文献

[1] ALLEN D .Getting Things Done: The Art of Stress-free Productivity [M]. London: Piatkus, 2002.

[2] ARISTOTLE. The Nicomachean Ethics[M].Oxford: Oxford University Press, 2009.

[3] BANDURA A. Self-Efficacy: The Exercise of Control[M]. New York: Freeman, 1997.

[4] BELSKY S. Making Ideas Happen: Overcoming the Obstacles Between Vision and Reality [M] London: Penguin, 2010.

[5] BULL S. The Game Plan: Your Guide to Mental Toughness at Work[M]. Chichester: Capstone Publishing, 2006.

[6] CANFIELD, J. The Success Principles: How to Get from Where You Are to Where You Want to Be[M]. London: HarperCollins, 2005.

[7] CARSON, R. The Sense of Wonder[M]. New York: Harper & Row. 1965.

[8] CIRILLO F. The Pomodoro Technique: Do More and Have Fun with Time Management[M]. London: Ebury Publishing. 2017.

[9] COLLINS D, MACNAMARA A. The rocky road to the top: Why talent needs trauma[J].Sports Medicine, 2012, 42(11): 907-914.

[10] COLLINS J. Good to Great[M]. London: Random House

Business, 2001.

[11] COOPER C, SULLIVAN A, SHULMAN J. Making lt in College: Strategies for Studying and Learning[M]. East Lansing, Mi: Michigan State University, 1978.

[12] COVEY S.R. The 7 Habits of Highly Effective People[M]. London: Simon & Schuster.1989.

[13] COYLE D. The Talent Code: Greatness Isn't Born. It's Grown. Here's How[M]. New York: Bantam, 2009.

[14] COYLE D. The Little Book of Talent[M]. London: Random House, 2002.

[15] CSIKSZENTMIHALYI M. Finding Flow: The Psychology of Discovery and Invention[M]. New York: Harper Perennial, 1987.

[16] CSIKSZENTMIHALYI M. Good Business: Leadership, Flow and the Making of Meaning[M]. New York: Penguin. 2003.

[17] DALIO R. Principles[M]. New York: Simon & Schuster, 2017.

[18] DUNLOSKY J, RAWSON K A, MARSH E J, et al. Improving students' learning with effective learning techniques [J]. Psychological Science in the Public Interest, 2013, 14(1): 4-58.

[19] ELLIS A. Rational psychotherapy and individual psychology [J]. Journal of Individual Psycholog, 1957, 13: 38-44.

[20] ELLIS A. How to Stubbornly Refuse to Make Yourself Miserable About Anything Yes, Anything[M]. New York: Citadel Press, 1998.

[21] EMMONS R A, MCCULLOUGH M E. Counting blessings versus burdens: An experimental investigation of gratitude and subjective well-being in daily life [J].Journal of Personality and Social Psychology, 2003, 84(2): 377–389.

[22] ERICSSON K A, POOL R. Peak: Secrets from the New Science of Expertise[M]. Boston, MA: Houghton Mifflin Harcourt. 2016.

[23] FERRISS T. The 4-hour work week: Escape the 9-5, live anywhere and join the new rich[M]. New York: Crown, 2007

[24] FERRISS T. Tribe of Mentors: Short Life Advice from the Best in the World[M] London: Vermilion, 2017.

[25] FIORE N. The Now Habit: A Strategic Program for Overcoming Procrastination and Enjoying Guilt-Free Play [M]. New York: Tarcher Perigee, 2007.

[26] FITTS P M, POSNER M I (1967). Human Performance[M] Belmont, CA: Brooks/Cole, 1967.

[27] GLADWELL M. Outliers: The Story of Success[M]. New York: Little, Brown and Company, 2008.

[28] GODIN S. The Dip: The Extraordinary Benefits of Knowing When to Quit (and When to Stick) [M]. London: Piatkus, 2007.

[29] HARING N G, LOVITT T C, EATON M D, et al. The Fourth R: Research in the Classroom[M]. Columbus, OH: Merrill, 1978.

[30] KLEON A. Show Your Work! 10 Things Nobody Told You About Getting Discovered[M]. New York: Algonquin, 2014.

[31] KOTLER S. The Rise of the Superman: Decoding the Science of Ultimate Human Performance [M]. London: Quercus, 2014.

[32] KÜBLER-ROSS E. On Death and Dying[M]. London: Routledge, 1969.

[33] LEITNER S. So lernt man lernen (How We Learn) [M]. Hamburg: Nikol Verlagsgesellschaft mbH, 2011.

[34] MCCHESNEY C, COVEY S, HULING J. The 4 Disciplines of Execution: Achieving Your Wildly Important Goals [M]. New York: Simon & Schuster, 2012.

[35] MARTIN A. Building Classroom Success: Eliminating Academic Fear and Failure[M] London: Continuum, 2010.

[36] MASLOW A. H. The Maslow Business Reader, ed. D. C. Stephens[M]. New York: John Wiley & Sons, 2000.

[37] MAXWELL J. Failing Forward: Turning Mistakes into Stepping Stones for Success[M]. Nashville, TN: Thomas Nelson Publishing, 2012.

[38] OWEN J. The Mindset of Success: Accelerate Your Career from Good Manager to Great Leader [M]. London: Kogan Page, 2015.

[39] PRICE A, PRICE D. Psychology of Success: A Practical Guide[M]. London: Icon Books, 2011.

[40] REISS S. Who Am I? The 16 Basic Desires That Motivate Our Actions and Define Our Personalities[M]. New York: Tarcher/Putnum, 2000.

[41] SCHANK R，LYRAS D，SOLOWAY E. The future of decision making：How revolutionary software can improve the ability to decide[M]. New York：Palgrave Macmillan，2010.

[42] SEELIG T. In Genius：A Crash Course on Creativity[M]. London：Hay House，2012.

[43] SINEK S. Start With Why：How Great Leaders Inspire Everyone to Take Action[M]. London Penguin Random House，2009.

[44] SUZUK S. Zen Mind，Beginner' s Mind，new edn[M]. Boston，MA：Shambhala Publications，2005.

[45] VON OECH R. A Whack on the Side of the Head：How You Can Be More Creative[M]. New York：Warner Books，1992.

[46] WULF G.Attention and Motor Skill Learning[M]. Champaign，IL：HumanKinetics，2007.

[47] ZIMMERMAN B J，RINGLE J. Effects of model persistence and statements of confidence on children's self-efficacy and problem solving [J]. Journal of Educational Psychology，1981，73(4)：485-493.